10대의 진로를 위한

디자인경제

청소년을 위한 디자인경제

10대의 진로를 위한
디자인경제

청소년을 위한 디자인경제

글 · 그림 **장기민**

글라이더

10대를 위한 일상 경제,
재미있는 생활 속 디자인

디자인에 관심이 없는 사람에게 '삶을 디자인한다'는 표현을 하면 도대체 그게 무슨 뜻인지를 몰라 의아해합니다. 디자인의 의미를 전문가 영역에만 한정하고 있기 때문이죠. 이렇게 '디자인'이라는 개념을 '디자이너가 하는 일'이라고 정의를 내리면 아무도 디자인에 쉽게 접근할 수 없습니다.

수술을 비롯한 의료행위는 의사가 합니다. 하지만 심폐소생술은 일반인들도 할 수 있죠. 눈앞에서 누가 쓰러지거나 심정지가 발생했는데도 곧바로 심폐소생술을 실시하지 않고 의사가 오기만을 마냥 기다린다면, 이건 마치 '디자인'은 '디자이너'들이 해야 하는 것이라 여기는 것과 같죠. 이렇게 되면 본인의 삶을 직접 디자인할 수 있는 기회조차도 남에게 넘겨버릴 수 있습니다. 적절한 타이밍에 심폐소생술을 받지 못하면 환자가 위험해지는 것처럼, 자기 인생을 직접 디자인해야 하는 적절한 타이밍을 놓쳐버린다면 인생의 방향이 원하지 않는 쪽으로 틀어질 위험이 있습니다.

우리는 쇼핑몰에서 쉽게 물건을 사고, 디자이너에게 쉽게 디자인을 의뢰합니다. 디자이너가 해준 디자인이 마음에 들지 않는다면 수정을 요청하거나 반려할 수 있고, 쇼핑몰에서 산 물건이 마음에 들지 않을 땐 반품을 신청하여 환불을 받을 수도 있습니다. 그런 과정을 거치면 비록 과정은 좀 복잡했을지라도 최종적인 결과물은 내 편에 서게 됩니다. 수정을 거듭한 디자인은 결국 내가 원하는 디자인 결과물이 되어 내게 제공될 것이기 때문이죠. 마찬가지로 교환이나 반품을 신청한 쇼핑몰 상품은 내게 맞는 사이즈로 교환되어 내가 입을 수 있는 상태가 되거나 환불을 받을 수 있게 되겠죠.

만약 디자이너에게 의뢰했던 디자인 결과물이 마음에 들지 않았음에도 불구하고 수정을 요청하지 않는다고 가정해 봅시다. 마찬가지로 쇼핑몰에서 구매한 옷의 사이즈가 전혀 맞지 않아 입을 수 없음에도 불구하고 반품·교환을 요청하지 않는다고 합시다. 이건 자신의 삶에 이로운 행동이 아닙니다. 경제성 없는 활동을 하고 있는 것입니다. 혹시라도 이런 비효율적인 모습들이 청소년들 사이에서 나타날까 봐 염려스러운 마음에 필자는 매달 '청소년을 위한 디자인경제'를 발행했고, 이렇게 진로설계를 위한 책까지 쓰게 되었습니다.

'디자인'이라는 작업은 의사들이 하는 수술처럼 아무나 접근할 수 없는 전문적인 분야의 내용이 아닙니다. 이건 마치 일반인도 심폐소생술을 할 수 있는 것처럼 누구나 할 수 있고 누구나 해야 하는 것입니다. 경제는 우리가 생활하는 사회 속에서 반드시 이해하고 있어야 하는 중요한 부분입니다. 하지만 사람들은 '경제'라고 하면 복잡한 공식을 암기해야만 하는 줄 알고 즐겨 접근하지 않습니다. 경제는 암기할 필요가 없고 이해만 하고 있어도 됩니다. 경제를 이해하지 못한다면 경제 체제하에 살면서 많은 불이익을 당하게 될 수도 있습니다.

'디자인'과 '경제'를 쉽고 넓게 바닥에 깔아놓은 뒤, 그 위에 '청소년 진로'라는 탑을 차곡차곡 쌓아 올리는 마음으로 이 책을 썼습니다. 필자는 주입식 교육을 싫어하며 독자인 10대 청소년들 역시도 주입식 교육에 많이 지쳐있을 것으로 압니다. 따라서 책의 구성은 전반적으로 '주입식'이 아닌 '이해식'이 되도록 노력했고, 가르치듯 하지 않고 가이드 해주듯 쓰려 노력했습니다.

시중에 출간되어 있는 청소년 진로 설계 관련 서적들의 본문을 살펴보면, "~이렇게 해라", "~이게 답이다", "~를 선택하라"는 식의 권위적이며 주입식인 문구가 대부분입니다. 이런 글을 읽으면 문제해

결을 위한 획일적인 방법론을 얻을 수 있을지는 몰라도 문제를 직접 해결하기 위한 본인의 생각은 전혀 *끄*집어내지 못하게 될 것만 같았습니다.

그런 점들에 주목하며 글을 썼기에 청소년들을 아래로 내려다보고 있는 식의 문체를 사용하지 않고, 오히려 제 키를 낮춰 청소년들의 눈높이에서 글을 쓰도록 노력했습니다. 실제로 청소년들이 이 책을 읽고 진로설계에 도움을 받을 수 있을 뿐만 아니라 마음의 쉼과 위로까지도 함께 받을 수 있게 된다면 좋겠습니다.

2020년 9월
장기민

차례

#4 선택하기

#5 예측하기

DESIGN ECONOMICS

1

정의하기

디자인은 그냥 예쁘게 꾸미는 거 아니에요?

디자인에 대해

흔히들 '내 삶을 내가 직접 디자인한다'라는 표현을 하곤 합니다. 이런 표현을 하는 이유는 부모님의 잔소리에서 벗어나고 싶은 마음에서일 수도 있고, 평범하지 않은 생활을 꿈꾸는 생각에서일 수도 있습니다. 우리는 지금 당장 거울 앞에 비치는 자신의 모습을 디자인할 수도 있고 구체적으로 어떤 모습의 사람이 되고 싶은지 꿈의 모습을 디자인할 수도 있습니다. 나아가서는 내 전체적인 삶의 모습을 직접 디자인할 수도 있겠죠.

하지만 디자인하는 감각이 부족하다거나 조금이라도 잘못 디자인하게 될 경우, 내 삶은 내가 원하지 않는 방향으로 흘러가게 될 위험이 있습니다. 이럴 경우엔 내가 직접 디자인을 하기보다 전문 디자이너에게 부탁을 하는 게 더 나을 수도 있겠죠. 여러분의 선생님이나 인생의 선배들에게 도움을 요청한다면 나를 좀 더 좋은 모습으로 디자인 해나가는 데 도움을 받을 수 있습니다. 물론 이 책도 그런 도움이 될 것입니다.

대부분의 사람은 '디자인'이라는 단어를 외형을 아름답게 꾸미는 행위로만 인식하고 있습니다. 하지만 디자인은 절대 그런 단순한 의미가 아닙니다. 디자인이 어떤 의미이며 '디자인을 하다'라는 표현은 어떤 뜻을 가지고 있는지 알아봅시다.

디자인이
뭐에요?

누군가 여러분에게 '사랑'이 무슨 뜻인지 지금 당장 말해보라고 한다면, 아마도 잠시 머뭇거릴 것입니다. 사랑이라는 단어는 그 의미가 굉장히 넓고 정의 내리기 쉽지 않기 때문입니다. 하지만 대부분은 그 사랑의 의미를 저마다 정의하며 살고 있습니다. 디자인 역시 마찬가지입니다. 누군가 '디자인'이 뭐냐고 묻는다면 머뭇거리게 되겠죠. 아마도 겉을 예쁘게 꾸미는 행위를 디자인이라고 답하는 친구들이 생각보다 많을 겁니다.

하지만 디자인의 본질적인 뜻은 '의미부여'입니다. 디자이너인 내가 스마트폰을 디자인하면서 '스마트폰'이라는 의미를 계속 부여했기에 결국 스마트폰이 완성될 수 있었던 것이죠. 만약 누군가 스마트폰처럼 생긴 휴대용 가습기를 디자인하고 있다고 가정해봅시다.

디자이너는 스마트폰처럼 생긴 제품에 가습기라는 의미를 부여했습니다. 이미 그 제품이 만들어지기 전부터 말이죠. 덕분에 스마트폰 대신 휴대용 가습기가 디자인될 수 있었습니다. 만약 스마트폰을 디자인하다가 잘 안 돼서 "그냥 이걸로 휴대용 가습기나 만들자"라고 했다면, 그건 실패한 디자인이 되는 겁니다. 그 가습기는 원래 스마트폰이 되어야 했죠.

제가 다닌 학교의 선배님 중에는 초통령 캐릭터인 뽀로로를 직접 손으로 디자인하신 분이 계십니다. 그 선배님 덕분에 펭귄 뽀로로는 세상에 태어날 수 있었죠. 뽀로로는 태어나기 전부터 어린아이들을 위한 캐릭터로 의미부여가 된 상태였습니다. 그 상태로 디자인이 시작된 것이죠. 만약 뽀로로가 그런 의미부여 없이 '펭귄 모양의 캐릭터를 일단 디자인해 보자'라고 했었다면, 섹시한 느낌의 성인펭귄이 탄생했을 수도 있고 아니면 아무에게도 관심 받지 못할 법 한 이상한 펭귄이 나올 수도 있었겠죠. 이제 디자인이라는 의미에 대해 감이 조금 잡히시나요?

뽀로로는 그 형태가 디자인되기 전부터 모습에 대한 기획이 이미 완성되어 있었습니다. 노란 헬멧을 쓰고 있는 키 작은 펭귄, 단추를 붙여놓은 것 같은 단순한 눈동자 등처럼 말이죠. 그 기획안을 보고 디자이너는 뽀로로를 디자인할 수 있었고, 성공적인 캐릭터 디자인이 완성될 수 있었습니다.

기획이 없으면 성공적인 디자인을 할 수 없고, 좋은 기획이 있더라도 멋진 디자인력이 없다면 세상 빛을 보지 못한 채 사라지게 될 수도 있습니다. 여러분이 미래에 대한 확실한 꿈과 목표(기획)가 있어도 그 꿈을 이루기 위한 노력의 방법(디자인)이 없다면 그냥 한낱 꿈으로 끝날 수 있습니다. 반대로 뚜렷한 목표 없이 무작정 노력만 하는 것도 좋은 방법이 아니라 말할 수 있겠죠.

확실한 기획과 디자인을 통해 여러분 각자를 디자인해 나가야 합니다. 그래야만 뽀로로처럼 성공한 캐릭터가 될 수 있습니다. 꿈과 노력 중에서 한쪽을 소홀히 한다면, 여러분은 뽀로로가 아닌 이상한 펭귄 캐릭터가 되어버릴 수도 있다는 걸 명심해야 합니다.

내 삶을 직접 디자인하는 방법은?

그렇다면 아직은 막연하기만 한 '내 모습에 대한 디자인'은 어떻게 시작해야 하며 어떤 노력을 해야 할까요? 먼저 내가 어떤 사람인가를 분석해야 합니다. 자동차의 디자인을 예로 들어서 설명해 보겠습니다. 도로 위의 자동차는 각기 다른 크기와 디자인을 가지고 있습니다. 자동차의 크기와 디자인이 왜 각기 다른지에 대해 설명할게요. 쉽게 이해하기 위해 국산차인 모닝과 쏘나타 그리고 카니발을 예로 들겠습니다.

먼저 모닝은 엔진이 작은 경차에 속합니다. 엔진이 작은 만큼 앞으로 나가는 힘이 약합니다. 따라서 많은 사람을 태우지 못하며 차량의 크기가 작습니다. 만약 $100kg$이 넘는 큰 체구의 사람 다섯 명이 동시에 모닝에 탑승한다면 모닝의 엔진은 헥헥 거리면서 앞으로 잘 나가지 못하겠죠. 반면 혼자서 편하게 왔다 갔다 하기에 모닝만큼 경제적인 차는 없습니다. 엔진이 작은 만큼 차체도 가벼워서 기름을 적게 넣고도 더 오래탈 수 있으니까요.

다음 국산차로 불리는 쏘나타를 알아볼까요. 쏘나타는 우리나라에서 가장 많이 타고 있는 차인만큼 모든 면에서 적당한 모습을 보이고 있습니다. 엔진의 크기도 적당하고 앞으로 나가는 힘도 적당합니다. 모닝에 비해서는 무거운 사람을 몇 명 태우고도 웬만큼은 달립니다. 하지만 특별하게 잘난 구석을 드러내기에는 무리가 있습니다. 거의 모든 면에서 무난한 평균의 모습을 보여주고 있기 때문입니다.

여러 명이 탈 수 있는 카니발은 승합차로 분류됩니다. 7명 이상이 탑승 가능하고 차종에 따라서는 9명 이상이 탑승할 수도 있습니다. 카니발은 엔진과 차체가 크기 때문에 힘도 좋고 수송력도 좋지만 기름을 많이 먹으며 연비가 좋지 못합니다. 게다가 차체가 커서 좁은

골목길을 달리거나 주차를 할 때 어려움을 겪기도 합니다. 이런 카니발을 모닝처럼 혼자서 편하게 왔다 갔다 하는 용도로 쓰려고 한다면 경제적이라고는 할 수 없겠죠?

지금까지 모닝, 쏘나타, 카니발 이렇게 세 차량의 디자인 특성에 대해 알아보았습니다. 자동차처럼 우리 각자의 모습도 많은 부분이 서로 다릅니다. 카니발처럼 덩치가 큰 친구가 있는가 하면 모닝처럼 왜소한 친구가 있을 수도 있죠. 제가 자동차의 디자인을 분석한 것처럼 여러분도 자기 자신에 대해 디자인 분석을 해야 합니다.

내가 추진력은 빠르지만 많은 양을 한 번에 처리하기 힘든 모닝 같은 사람인지 아니면 카니발처럼 많은 양을 동시에 품을 수 있을 정도로 너그럽고 힘 좋은 사람인지 등 '나'라는 자동차가 어떤 모양으로 생겼는지를 먼저 정의해야 합니다. 그리고 장점과 단점을 나열해 보아야 하겠죠. 예로든 세 가지 종류 외에도 다양한 자동차의 모습이 나올 수 있습니다. 여러분의 모습 중에는 페라리나 포르쉐 스포츠카와 같은 슈퍼카의 모습이 있을 수도 있습니다. 이 차들은 도로 위에서는 아주 멋지지만 기름을 넣으러 주유소에 가거나 정비를 받기 위해 정비소에 방문했을 때는 국산차에 비해 매우 경제적이지 못하겠죠. 또 트렁크가 좁고 짐을 많이 싣지 못하기 때문에 겉모습은 멋진 반면 일상생활 속 실용성은 떨어질 수 있습니다.

그 어떤 모습이어도 관계없습니다. 내가 어떻게 디자인되었는지 알고 나면 어느 부분을 고쳐야 하고 강화해 나가야 할지 계획을 세울 수 있기 때문입니다. 만약 여러분이 전형적인 모닝과 같은 사람이라면 엔진을 좀 더 강력하게 바꾸는 노력을 할 수도 있고, 실내공간을 좀 더 넓혀서 실용성 있는 차가 되도록 하는 노력을 해 볼 수도 있겠죠. 나 자신에 대한 분석은 [2장 분석하기]에서 좀 더 자세히 다루도록 하겠습니다.

나를 디자인할 때
롤 모델이 꼭 필요할까요?

답부터 말하자면 꼭 그렇지는 않습니다. 하지만 롤 모델을 세워두는 것이 나를 디자인하고 목표에 도달하는 데 많은 도움을 줍니다. 아무런 생각도 없이 사는 것에 비해 '나는 저 사람처럼 되고 싶다'는 생각을 갖는 편이 더 낫습니다. 무작정 잘 살아보겠다는 말은 잘 살 마음이 없다는 뜻이 될 수 있습니다. 멋지게 잘 살아보려면 그렇게 살고 있는 사람을 본받으려 노력하는 게 가만히 앉아 생각만 하는 것에 비해 더 나을 때가 있죠.

롤 모델을 세우고 꿈을 설정할 때는 매우 구체적이고 디테일하게 접근해야 합니다. '저 사람이 훌륭하니까 나도 이 다음에 훌륭한 사람이 되어야지'와 같은 막연한 목표는 오히려 세우지 않는 게 더 나을 수 있습니다.

만약 대통령이 되고 싶다고 한다면 대통령 누구처럼 되고 싶다든지, 과학자가 되고 싶다면 물리학자 누구처럼 되고 싶다든지처럼 구체적으로 롤 모델을 세워야 합니다. 그래야만 그 사람이 어떤 삶을 살아왔는지 알아볼 수 있게 되고, 발자취를 훑어가며 성공의 방법론들을 터득해 갈 수 있겠죠. 내 것으로 만들며 더 발전시킬 수 있게 됩니다.

가령 물리학자가 되고 싶은 꿈이 있다고 한다면, 무작정 훌륭한 물리학자가 되겠다는 꿈 대신 카이스트 정재승 교수님처럼 훌륭한 뇌 과학자가 되겠다는 구체적이고 뚜렷한 자신만의 롤 모델을 만들어 놔야 합니다. 만약 경영학자가 되겠다면 브랜딩으로 유명한 한양대 홍성태 교수님처럼 되고 싶다는 식의 구체적이고 확실한 그림이 필요합니다.

그래야만 그 롤 모델의 데이터를 수집하고 분석하여 자신의 생활에 적용할 수 있게 되고, 자신의 삶과 다른 점을 비교·분석하여 개선방법을 찾을 수 있게 됩니다. 자신만의 강점이 있다면 더 발전시키면 됩니다. 반면 노력했을 때 상대적으로 성과가 더디게 나오는 요소가 있다면 과감히 포기하고 다른 강점들로 그 빈자리를 채우는 식의 관리를 해나가면 됩니다.

이런 식의 관리는 앞으로의 내 미래를 구체적으로 디자인하는 모습 중 하나가 될 수 있습니다. 내 미래를 남의 손에 맡긴다거나 될 대로 되라는 식의 삶보다는 본인이 직접 자신을 분석하고 디자인해보는 게 훨씬 더 좋은 결과를 가져올 수 있습니다.

디자인은 누구나 할 수 있습니다. 하지만 누구나 다 잘하지는 못하죠. 나 자신은 내가 제일 잘 안다고 생각합니다. 하지만 남이 보는 내 모습이 나의 진짜 모습인 경우가 많죠. 우리 모두 디자이너가 될 필요는 없습니다. 하지만 내 삶의 모습만큼은 내가 직접 디자인하는 게 내 삶에는 더 도움이 될 수 있겠죠. 그러기 위해서는 먼저 내가 어떤 모습의 사람인지 디자인 분석을 해보세요. 나는 도저히 나를 잘 모르겠다고 한다면 옆의 친구에게 내가 어떤 사람인지 물어보세요. 내가 모닝 같은 사람인지 카니발 같은 사람인지를 알아야 내 진로를 결정해 나가는 데 도움이 될 수 있습니다.

흠... 경제는 너무 어려운데...
네? 그렇지 않다고요!?

경제에 대해

수능에서 말하는 경제가 아닌,
내 삶을 위한 경제로

수학능력시험 사회탐구 과목에서 경제를 선택하는 사람은 많지 않을 것입니다. 많은 숫자를 상대해야 하고 또 머릿속에서 오랜 시간 연산과정을 거쳐야 하는 고된 작업이기 때문이죠. 오히려 경제보다는 암기가 편한 과목이나 자신에게 잘 맞는 공부법의 과목을 선택하려는 경향이 나타날 수 있습니다. 게다가 단기간에 등급을 올릴 수 있는 방법이 있다면 그 방법을 선택하겠죠. 그 선택이 바로 경제적인 선택입니다.

수능 사탐에서 경제를 선택하지 않는 것이 경제적인 선택이라면, 당연히 그렇게 하는 것이 맞겠죠. 경제라는 과목이 나에게 너무도 잘 맞아서 그것으로 좋은 성적을 거둘 수 있다면 경제를 선택하는 게 맞습니다. 하지만 아무리 맞춰보려고 노력을 해도 경제가 나와 맞지 않는다는 결론이 나온다면 선택하지 않는 것이 경제적입니다. 수능에서 목표는 단 하나! 좋은 성적을 받는 것이기 때문입니다.

　나의 수능이라는 필드에서 좋은 성적을 받기 위해 경제를 포기하는 것은 매우 합리적인 방법입니다. 경제학은 인간이 합리적으로 행동한다는 사실을 전제로 하기 때문입니다. 인간들 중 가장 합리적인 삶을 살고 있는 사람은 아마도 갓난아기일 것입니다. 배가 고프면 울고, 기저귀에 실례를 했어도 울고, 엄마의 손길이 필요한 상황에서도 울면서 어른의 행동을 유도해내기 때문입니다. 아기는 자신의 목표를 이루기 위해 우는 것을 선택했습니다. 그것은 다른 방법에 대한 고민이 필요 없는 가장 합리적 방법입니다.

유럽 사람들이 처음으로 미국 땅에 도착했을 때 그곳에는 인디언들이 살고 있었습니다. 인디언들은 미국 땅을 점유하고 있기는 했지만 미국 땅을 법적으로 소유하고 있지는 않았죠. 단지 땅을 사용하고 있었을 뿐이었습니다. 유럽 사람들은 이런 미국 땅을 법적으로 소유하기 시작했습니다. 수능에서의 과목 선택도 마찬가지입니다. 과목을 선택하라고 하니까 어쩔 수 없이 만만한 걸 선택한다면 성적을 위해 그 과목을 잠시 사용하는 것이겠지요. 하지만 정말 내가 공부하고 싶은 분야다, 나는 이 과목에서 만큼은 최고가 될 것이다! 라는 마음을 먹고 그 과목에 접근한다면 온전히 내 것으로 만드는 공부를 시작할 수 있게 됩니다. 결과는 많은 차이를 보여줄 겁니다.

경제학에서 기본으로 전제된 인간의 합리성은 동일한 노력에 비해 더 큰 성과를 얻을 수 있는 쪽을 선택하도록 체계화되어 있습니다. 똑같이 10시간을 들여서 영어와 수학을 각각 공부했다고 칩시다. 영어는 성적이 잘 나왔는데 수학은 생각만큼 성적이 잘 나오지 않았습니다. 이때 영어를 선택하고 수학을 포기해버리는 상황이 생길 수 있죠. 하지만 수학을 포기해버리는 순간부터 수능에서는 좋은 성적을 받기가 어려워집니다.

만약 가난한 사람이 병원진료를 받지 않겠다고 한다면, 그건 그 사람이 진료를 받지 않는 선택을 한 것처럼 보일 수 있지만 사실 그는 병원진료를 받을 만한 경제적인 여유가 없는 것일 가능성이 큽니다. 그리하여 나라에서는 저소득층을 위해 의료혜택을 제공합니다. 그래야만 나라의 구성원들이 전체적으로 인간적인 삶을 누릴 수 있기 때문입니다. 나라에서 가난한 사람을 포기하지 않고 살피듯이 내가 공부하고 있는 과목들 중에서도 어느 하나의 손을 놓아버리는 일은 없어야겠죠. 그래야만 '나'라는 나라가 정상적으로 잘 돌아갑니다. 나 자신은 국가이고 수학과 영어를 비롯한 각각의 과목들을 도시라고 생각해 보세요. 국가 안에는 크고 잘사는 대도시가 있고, 인구가 적고 활기가 없는 시골도 있습니다. 하지만 국가는 경제성이 없다는 이유로 나라에 속한 도시를 포기해버리지 않죠. 내가 직접 국가의 행정을 맡아서 한다는 생각으로 도시들을 관리해 보시기 바랍니다. 분명 전보다는 성과가 좋을 것입니다.

설명이 수능 과목에만 국한되어 있었지만 공부가 아닌 다른 재능을 찾아서 큰 도시로 발전해 나갈 수도 있겠죠. 가장 많이 성장한 도시를 '나'라는 국가의 수도로 삼고, 나를 설명할 때 대표로 내세울 수도 있을 것입니다.

수학도 아닌데
숫자를 다루는 아이러니

경제를 이야기할 때 숫자와 그래프는 빠짐없이 등장합니다. 때문에 많은 사람들이 경제학을 은행이나 금융 업무에만 국한한 것으로 여기는 경향이 있습니다. 하지만 이는 금융경제학이라 불리는 경제학의 큰 분야 중 하나에 불과합니다. 경제학은 우리 삶의 거의 모든 분야에 매우 밀접하게 닿아 있습니다.

경제학은 애덤스미스의 《국부론》에서 출발하게 됩니다. 국부론은 말 그대로 나라가 잘 사는 방법에 대한 이론입니다. 경제학은 세상을 경영하여 백성을 구한다는 뜻의 '경세제민'이라는 사자성어로 번역되어 일본과 우리나라에 들어오게 됩니다. 경세제민에서 '경'자와 '제'자만 합쳐 경제라는 단어가 탄생하게 되었죠.

즉 사람들이 잘사는 방법에 대한 연구를 하고 설명을 하다 보니까 자연스럽게 숫자가 등장하게 된 것입니다. 경영학도 마찬가지입니다. 경영의 실적을 한 번에 드러내고 표현할 수 있는 건 숫자밖에 없죠. 그럼 경제와 경영이 뭐가 다른 것인지, 왜 이과도 아닌데 숫자를 사용해야만 하는지 알아보겠습니다.

경영 vs 경제

경영과 경제, 많은 분이 헷갈립니다. 둘 다 누군가를 잘 살게 만들려는 노력인 건 분명한데 도대체 뭐가 다른지 알아볼게요. 우리는 대학교 혹은 고등학교를 졸업한 뒤에 대부분 회사에 취직을 하게 됩니다. 취직 대신 뛰어난 아이디어를 바탕으로 창업을 하는 사람도 있을 수 있죠. 창업을 한다는 것은 사업을 시작한다는 의미입니다. 취업을 한다는 건 누군가 사업을 하고 있는 회사에 들어가서 그 사업이 더 잘 되도록 돕는 것이고요.

우리 중 누군가 만약 삼성전자에 입사하게 된다면 그건 사업을 하고 있는 삼성에 들어가서 그 사업이 더 잘 되도록 돕는 역할을 하겠다는 뜻입니다. 물론 삼성전자는 수많은 지원자 중 자신들의 사업을 가장 잘 도와줄 수 있는 사람을 선별해서 뽑겠죠. 그렇게 뽑힌 사람들은 삼성전자가 만드는 많은 가전제품의 기획과 디자인에 참여하면서 삼성전자의 사업이 더 잘 될 수 있도록 돕습니다.

그렇다면 삼성전자의 사업 목적은 무엇일까요? 삼성전자뿐 아니라 전 세계의 많은 회사는 똑같이 하나의 사업 목적을 가지고 있습니다. 그것은 바로 수익창출입니다. 아무리 멋진 기술력을 뽐낸다 하더라도 수익을 창출하지 못하게 되면 회사는 운영할 돈이 없어 망하거나 사라지게 되겠죠. 수익을 창출하기 위해 삼성전자는 더 좋은 세탁기와 냉장고를 만들어내고, 최신 스마트폰의 기술을 끊임없이 개발합니다. 그렇게 완성된 세탁기와 스마트폰은 고도의 마케팅 방법에 의해 TV광고로 송출되고 이를 접하는 소비자들은 그것을 구매함으로써 삼성전자에 수익을 안겨줍니다. 삼성전자의 사업 목적이 달성되는 것이지요.

이렇듯 경영은 내가 속한 기업이 이윤을 일을 수 있도록 소비자의 지갑을 열게 만드는 일입니다. 반면 소비자들의 경제활동은 기업의 물건을 구매함으로써 기업에게 이윤을 가져다줍니다. 경제와 경영의 활동이 매우 대조적이죠. 하지만 기업 역시 경영활동을 하면서 경제적인 방법을 많이 사용합니다. 스마트폰 제조의 원가를 낮추기 위해 해외 공장을 이용하고, 소량이 아닌 대량으로 만들어서 규모의 경제를 실현하는 등 경영활동 안에서도 경제학 이론을 많이 담는 모습을 볼 수 있습니다. 이쯤 되면 경제와 경영이 뭔가 가까워 보이죠. 이렇게 경영활동을 성공적으로 이뤄낸 기업들 덕분에 국가의 경제가 원활해집니다. 또한 많은 수익을 거둔 기업이 많은 세금을 국가에 납부한 덕분에 국가가 더욱 잘살게 됩니다. 잘살게 된 국가는 다시 저소득층을 챙기는 등의 사회 환원 정책을 펼치게 되고, 이로써 국가의 경제를 다시 회전시킵니다. 경제와 경영의 관계가 조금 더 가깝게 느껴지나요?

경제학의
디자인적인 접근방법

경제학은 효율적이면서 가장 합리적인 방법을 찾아갑니다. 경제학자들은 인간의 알 수 없는 행동들을 분석한 뒤 숫자로 계산하고 또 그를 이론화하곤 합니다. 하지만 정작 우리는 어떤 행동을 할 때 머릿속에서 오랫동안 계산한다거나 복잡하게 생각하지 않는 경우가 대부분입니다. 게다가 마음에 꽝! 와서 박힐 정도로 '이 제품을 반드시 사야만 한다'는 강력한 메시지의 광고를 보면 어느 순간 그 제품을 구매하고 있는 나를 발견하게 되죠. 기업의 경영활동이 의도하고 마케팅한 그대로 경제 주체들이 반응하고 있는 것입니다.

앞에서 디자인은 '의미부여'라고 정의 내린 바 있죠. 따라서 경제 활동에도 의미가 있어야 합니다. 만일 우리에게 한 끼 식사를 할 수 있는 돈이 주어진다면 맥도날드에 가서 햄버거를 먹을 수도 있고,

서브웨이에 갈 수도 있습니다. 서브웨이는 신선하고 건강한 재료를 이용하여 한 끼 식사를 제공하지만, 맥도날드는 햄버거의 맛에만 신경 쓸 뿐 그것을 먹는 고객의 건강에는 별로 관심을 갖지 않습니다.

따라서 자신의 몸을 건강하게 디자인하려는 마음이 있는 사람은 서브웨이에서 한 끼 식사를 하며 건강이라는 의미를 몸에 부여하죠. 반대로 건강보다 다른 면에서 만족감을 얻으려는 사람은 맥도날드로 발걸음을 옮깁니다. 음료 한 잔을 마실 수 있는 시간을 스타벅스에서 보내려는 사람이 있는가 하면 신선한 생과일주스 집으로 향하는 사람이 있죠. 나 자신의 경제활동을 통해 매 순간 의미가 부여되고, 그를 통해 나 자신이 조금씩 디자인된다는 사실을 꼭 알아야 합니다.

마찬가지로 틈날 때마다 열심히 춤 연습을 하고 있다면 춤을 잘 추는 댄서로 디자인될 가능성이 높죠. 나를 어떻게 디자인하는 것이 나에게 가장 좋은 방법인지 여러 번 의미부여를 하며 찾아가야 합니다.

우리에게 주어진, 그리고 사용할 수 있는 자산에는 돈과 시간이 있습니다. 우리는 마음이 가는 곳에 돈을 쓰며 마찬가지로 마음이 가는 곳에 시간을 씁니다. 조금이라도 마음을 쓰고 싶은 사람에게 선물하기 위해 돈을 지불하죠. 마찬가지로 하루에 주어진 24시간

중 일부를 그 사람에게 써가며 함께하려 합니다. 모두 마음이 가지 않는다면 할 수 없는 일입니다. 돈과 시간 모두 우리에게 중요한 자원임에 틀림이 없고 우리는 그것을 누군가에게 선물하며 지냅니다.

우리에게 주어진 시간 중 대부분을 멍 때리는 데 쓴다면 우리는 멍 때리는 것에 선물을 주는 꼴이 됩니다. 마찬가지로 온라인 게임을 하는 데 시간의 대부분을 사용한다면 우리는 온 마음과 정성을 다해서 온라인 게임을 대하고 있는 것이 되겠죠. 돈과 시간을 동일한 개념으로 인식하고 사용하시기 바랍니다. 돈을 허튼 곳에 쓰면 자산이 낭비되듯이 시간을 허투루 쓰는 모습 역시 낭비의 모습으로 생활을 디자인하는 꼴이 됩니다.

시간을 아끼고 시간을 소중히 생각하시기 바랍니다. 우리가 뭔가를 해야겠다고 결정을 내리고 선택을 한 순간, 이미 우리의 마음은 그 행동에 시간을 투자하기로 마음먹은 게 됩니다. 그 뒤에는 돈을 투자하게 되겠죠. 내 삶을 위해 돈과 시간을 효율적으로 사용하기로 마음먹고 그 모습을 차근차근 디자인해 보세요. 그리고 내 삶에 득이 될 수 있는 곳에 내 시간을 사용하시기 바랍니다. 내 삶이 그 시간을 선물 받고 좋아하게 될 겁니다.

디자인경제

저는 디자인경제를 연구하며 여러 매체에 다양한 글을 쓰게 됐고, 덕분에 관련 도서도 출간할 수 있게 되었습니다. 디자인이란 어떤 목적을 향해 가는 과정에서 취할 수 있는 방법이라 설명할 수 있겠습니다. 즉 디자인이라는 행위는 수단일 뿐 목적이 될 수 없다는 것이죠.

어떤 유명한 디자이너가 최신 스마트폰을 '디자인'하고 있다고 가정해봅시다. 여기서 '디자인'은 멋진 스마트폰을 만들기 위한 수단으로 쓰이고 있습니다. 즉 완성될 멋진 스마트폰이 목적이고 디자인은 제작 과정에 포함되는 수단이죠.

그렇게 디자인한 덕분에 최신 스마트폰이 완성되고, 기업은 그 스마트폰을 소비자에게 판매하는 경영활동을 시작합니다. 사람들은 그 스마트폰을 손에 얻기 위해 경제활동을 할 것이고, 이러한 순환 과정을 통해 거대한 스마트폰의 경제 생태계가 조성됩니다.

디자인을 하지 않으면 멋진 스마트폰이 완성될 수 없고, 그를 통한 경제 활성화도 이루어질 수 없습니다. 기업은 경영활동을 통해 이윤을 추구하고 소비자들은 그 기업이 만든 물건을 구매하는 경제활동을 통해서 개인의 필요를 충족합니다.

그동안 디자인의 개념은 기업의 이윤추구를 위한 방법론에만 국한되어 왔습니다. 즉 디자인이 소비자의 지갑을 열게 하는 기업의 경영활동만을 위해 존재해왔던 것이죠. 필자는 디자인의 개념이 누군가 돈을 쓰게 만드는 수단에만 한정된다는 것을 깨달은 뒤, 소비자들의 경제활동에도 디자인이 쓰일 수 있는 도움을 주고 싶었습니다.

디자인경영은 디자인의 개념을 활용하여 효과적인 수익창출을 돕는 경영활동이라 설명할 수 있습니다. 기업뿐만 아니라 개인 역시도 자신을 드러낼 때 이런 디자인 방법론을 사용할 수 있습니다. 모두 디자인경영이죠. 반면 디자인경제는 일상 속에 녹아든 디자인의 개념을 캐치하여 큰 개념의 경제를 이해하고, 일상 속의 크고 작은 경제활동에 도움을 주는 것이라 말할 수 있습니다.

큰 기업은 공격적인 마케팅을 통해 소비자들로 하여금 '반드시 이 제품을 사야 해!'라는 마음이 들도록 만듭니다. 그렇게 공격적인 마케팅을 해야만 소비자들이 현혹되어 구매할 것이기 때문이죠. 이 과정에 디자인이 사용됩니다. 하지만 소비자들은 뭔가에 홀린 듯 구매하는 그 상품에 대해 심각하게 큰 고민을 하지 않습니다. 이 상품을 이용하면서 내가 어떤 모습으로 디자인되어 갈 것인지, 이 물건이 놓일 내 방의 공간디자인(인테리어)은 어떤 가치를 지니게 될 것인지 등에 대한 생각을 깊게 하지 않고 구매하는 순간의 만족을 위한 경제활동을 합니다. 디자인경제는 일반 소비자들이 대하는 디자인과 경제개념의 문턱을 낮추고 효율적인 사고를 도울 수 있도록 연구되고 있습니다.

디자인경제를 통해서 일반인들도 치밀한 마케팅을 펼치는 기업 못지않게 디자인적인 사고를 시작할 수 있게 되길 바랍니다.

세상이 어떻게
돌아가는지부터 알고 나를 알자!

세상에 대해

세상은
어둡다

물론 세상은 어둡지 않습니다. 하지만 세상에는 어두운 면이 반드시 존재하죠. 세상을 좀 더 빠르고 정확하게 이해하기 위해서는 다양한 각도로 바라볼 필요가 있는데요, 먼저 세상은 어둡다는 정의를 내린 후에 알아보도록 할게요.

코로나19로 인해 2020년은 여러모로 뒤숭숭한 해가 되고 있습니다. 학교 수업도 제대로 받지 못했으며 특히나 이 시기를 맞은 고3 수험생들은 심리적으로 더 힘든 시간을 보내야 했을 겁니다. 코로나19 사태는 세상을 어둡게 만들었습니다. 때마다 찾아오는 질병과 경제위기, 그리고 전쟁의 위협과 공포는 우리의 생활을 더욱 어둡게 만들죠.

미국은 1929년 대공황을 맞게 됩니다. 1920년대의 미국 사회 번영으로 인해 과잉생산이 시작되었고, 국민들은 돈을 쓰기에 바빴습니다. 미국의 자본주의 경제에 대한 발자취를 훑어보면 1920년 초반에 기업조직이 거대화하기 시작하고 기계화 산업이 자리를 잡게 되었으며 경영방식의 혁신을 통한 비약적인 발전을 이루게 됩니다. 덕분에 1920년대 중 · 후반의 미국 경제는 사상 최대의 호황을 맞이하게 되었죠. 그러다가 1929년 대공황을 맞이합니다. 성장의 속도가 빨랐던 만큼 충격도 훨씬 클 수밖에 없었죠.

우리나라는 코로나19가 발생하기 20여 년 전인 1997년에 IMF구제금융, 경제위기를 겪어야만 했습니다. 우리나라는 1950년에 있

었던 한국전쟁 탓에 자생적인 경제성장이 불가능하다고 판단했고, 1960년대부터 정부의 주도하에 경제개발 계획을 시작하게 됩니다. 1970년대에는 제조업 분야가 육성되어 1차 산업 위주였던 산업 구조가 2차 산업으로 전환하게 됩니다. 1980년대에는 가전, 자동차, 선박 등의 산업이 발전하고, 1990년대에는 컴퓨터, 메모리 반도체, 통신기기 등 IT관련 산업이 크게 성장하게 되죠.

그러다가 1990년대 후반에 IMF 외환위기가 발생합니다. 갑자기 잘살게 된 우리 국민들은 무분별한 소비를 이어가기 시작했고, 은행은 과도한 대출을 통해 금융거품을 만들어 냈습니다. 금융권에 생긴 거품 때문에 대공황을 맞이해야만 했던 미국의 경우와 크게 다르지 않습니다. IMF 사태가 발생하자 우리 국민들은 금 모으기 운동 등을 펼치며 역경을 극복해 내는 모습을 보여주죠.

하지만 위기는 여기서 끝이 아니었습니다. 10여 년이 흐른 2000년대 후반, 미국발 금융위기가 터지게 되었고 세계 경제는 침체기를 맞게 됩니다. 전 세계가 미국 경제에 의존적으로 엮여 있던 경제상황 탓에 소비자들의 소비는 더욱 줄어들게 되고, 경제는 더욱 어려워지게 됩니다.

또다시 10여년이 흐른 2010년대 후반에는 금융위기가 아닌 코로나19가 터져서 세계 경제를 힘들게 만듭니다. 지금까지는 금융과 관련된 위기들이 경제에 어려움을 줘왔는데 이번에는 금융위기가 아닌 질병의 공포가 경제에 어려움을 주게 된 것입니다. 어떠한 원인에서든지 경제는 타격을 받게 되고, 일자리를 잃은 사람들은 다시 은행대출을 간절하게 기다릴 수밖에 없게 됩니다. 사회의 현상이 참 어둡죠?

우리는 이렇게 세상의 어두운 면과 주기적으로 반복되는 위기에 대해 똑바로 알고 있어야만 잘 살아가는 방법을 얻을 수 있습니다. 언제 터질지 모르는 위기상황 앞에서 제대로 대처할 수 있는 준비만 미리 되어 있다면, 크게 당황하지 않을 수 있습니다. 예를 들어보면 코로나19로 인해 2020년의 고3 수험생들은 학교 수업을 받지 못하고 큰 혼란을 겪어야만 했습니다. 왜냐하면 고3이 되면 학교에서 오프라인으로 수업을 받고 집중해서 공부할 생각뿐 다른 생각은 해보지 못했기 때문입니다. 반면 인터넷 강의에 좀 더 익숙한 생활을 하고 있던 재수생들은 고3 수험생에 비해 좀 더 안정적인 공부를 할 수 있었을 것입니다. 혼란을 겪게 된 고3 수험생 입장에서는 나에게 어떤 위기가 어떻게 찾아올지 모른다는 어두운 면에 대한 예측을 해본 적 없었을 테니 말입니다.

우리는 IMF 경제위기와 같은 위기상황을 또다시 경험하게 될 수도 있습니다. 물론 그래서는 안 되겠지만 전쟁이 다시 일어나게 될 수도 있습니다. 만약 그런 상황이 생긴다면 나는 어떻게 행동할 것인지, 전쟁 같은 상황 속에서도 어떻게 슬기롭게 공부 혹은 내가 해야 할 것을 해 나갈지에 대한 생각을 미리 해볼 필요가 있습니다. 그런 상황이 생길지 말지에 대한 정확한 예측이 없기 때문에 구체적이고 치밀한 계획을 세워둘 필요는 없습니다. 다만, 머릿속에 한 번쯤 상황을 설정하고 그려볼 필요는 있겠죠. 그래야만 코로나19와 같은 위기상황이 다시 생겨나도 호기롭게 대처해 나갈 수 있습니다.

군대에 가면 자대에 배치되기 전까지 몇 주간 훈련소에서 훈련을 받습니다. 이 훈련을 잘 받고 통과해야만 정식 군인이 될 수 있는 것이지요. 만약 훈련소에서 훈련을 받고 있는 도중에 전쟁이 일어난다면 어떻게 될까요? 훈련병들은 전쟁이 나도 계속 훈련을 받습니다. 군인이 되기 위해서는 훈련을 받는 절차가 반드시 필요하기 때문입니다. 학생은 학교에서 교육을 받습니다. 전쟁의 상황과도 같은 코로나19가 터져서 학교에 갈 수 없었지만 온라인으로라도 교육을 받았죠. 학생에게는 이런 교육이 반드시 필요하기 때문입니다.

어두운 상황 속에서도 사람들은 희망을 잃지 않고 다시 일어나는 모습을 보입니다. 어떻게든 살아가야 하기 때문이죠. 포기해버리는 순간 나만 뒤처지게 됩니다. 세상이 희망적이지 않다고 느껴진다면 어떻게 세상에 희망을 줄 수 있을까를 생각해 보세요. 세계사에 기록된 거대한 변화는 주로 그런 생각을 했던 사람들에 의해 이루어졌습니다.

세상은
밝다

앞서 본 바와 같이 세상에 어두운 면만이 존재하고 있는 것은 아닙니다. 어두운 면이 존재하듯 밝은 면은 반드시 존재하죠. 그럼 이번엔 세상은 밝다는 정의를 내린 후에 다시 바라보도록 할게요.

1950년대 6·25 전쟁으로 어두워진 한국 사회의 모습이 그 시절 미국에 소개된 적이 있습니다. 이 내용을 접하게 된 미국의 해리 홀트(Herry Holt), 버다 홀트(Bertha Holt) 부부는 한국전쟁으로 발생한 고아 12명을 미국으로 입양하여 안정적으로 자랄 수 있게 하는 일을 알선하였습니다. 이 고아들 중 8명은 자신이 직접 입양하여 기르기 시작했습니다. 1955년에 미국에서 이 일을 시작하게 된 홀트 부부는 그 다음해 한국으로 들어왔고, 한국에 사무실을 개설한 후 다양한 사회복지사업을 하게 되었습니다. 이것이 바로 서울 합정동에 위치한 홀트아동복지회의 시작입니다.

홀트아동복지회는 현재 한국을 비롯한 세계 각 나라 사람들의 후원을 받아 운영되고 있습니다. 국내외 입양문제 외에도 미혼부모 상담, 아동관련 상담, 위탁양육 보호사업 등 다양한 복지사업을 진행하고 있습니다. 6·25 한국전쟁 후 어두워진 한국 사회를 안타깝게 여긴 홀트 부부의 손길이 사회의 밝은 면을 만들어냈고, 현재는 그 밝은 면 위에 세계 각 나라 사람들의 자발적 후원이 더해져 더욱 밝은 빛을 내고 있는 중입니다.

한국전쟁으로 침체된 대한민국에 홀트 부부 외에도 많은 나라에서 도움의 손길이 있었습니다. 남이 처한 어려운 상황을 보고 외면하지 않으며 도움을 준 수많은 사람 덕분에 우리나라는 밝은 면을 되찾을 수 있게 되었고, 세계 최고의 문화강국으로 발돋움할 수 있게 된 것이죠.

저 미국인 홀트에요! 6.25전쟁 때문에 고아가 된 아이들 소식을 들었어요. 참 안타까워요. 그 아이들을 제가 입양하여 키우도록 하겠습니다.

2020년, 코로나19의 직격탄을 맞았던 지역은 아마도 대구광역시일 것입니다. 다른 지역과 달리 확산 속도가 빨랐고 순식간에 수천 명의 확진자가 발생했죠. 이런 대구를 향해 전국 각지에서 모금활동이 이어졌습니다. 확진자가 늘어나는 속도만큼이나 전국의 많은 단체와 기관에서 대구를 돕는 따뜻함이 이어졌고, 덕분에 대구는 코로나19 확산이라는 큰 불을 빠르게 진압할 수 있었습니다.

대한민국은 6·25 한국전쟁 시절의 어두웠던 모습에 비해 지금 분명 많이 밝아졌습니다. 그 시절에 후진국이었던 우리는 많은 도약을 거쳐 지금 세계 시장을 주도하는 선진국의 반열에 오를 수 있게 되었습니다. 6·25 한국전쟁에는 수많은 나라의 참전과 도움이 있었고, 그 덕분에 우리는 대한민국을 지켜낼 수 있었던 것이죠.

인천광역시 중구에 가면 이규원 치과와 인천 학생 6·25 참전관을 동시에 운영하고 있는 이규원 원장을 만날 수 있습니다. 그는 매년 6·25전쟁 참전국인 에티오피아에 1,000만 원의 기부금을 보내고 있으며, 2020년까지 누적된 기부금만 총 1억 원에 달한다고 합니다. 필자는 기자로서 당시 이규원 원장을 직접 만나 왜 한국전쟁의 많은 참전국 가운데 유독 에티오피아에만 기부금을 전하고 있는지 물어보았습니다.

이규원 원장은 6·25 한국전쟁 참전으로 인해 수많은 에티오피아 사람들이 죽게 되었는데, 그 시절에 비해 여유로운 삶을 살고 있는 우리가 그 고마움을 절대 잊어서는 안 된다고 말하며 기부의 취지를 알렸습니다. 또한 많은 참전국 중 에티오피아에만 기부를 하는 이유에 대해서 이규원 원장은 에티오피아 5인 가족의 한 달 생활비가 4만 원밖에 되지 않는데, 우리가 그 나라에 1,000만 원을 보내면 20가구가 1년을 생활할 수 있게 된다고 말합니다. 우리가 어려웠을 때 그들의 희생 덕분에 오늘 우리가 살고 있듯이 참전국들 중 가장 가난한 나라인 에티오피아에 기부금을 전달하는 것일 뿐이라고 말했습니다.

어두운 세상의 단면을 뒤집어보면 세상에는 아직도 따뜻하고 밝은 모습이 존재하고 있습니다. 약한 사람을 돕고, 내가 도움을 받은 것을 계기로 또 다른 사람을 도울 수 있는 모습은 세상이 어둡다고 단정해버리기엔 너무 밝은 면을 보여주고 있습니다. 세상에 희망이 없다고 탄식하는 사람들이 있습니다. 하지만 그 어떤 절망적인 상황 속에서도 희망은 다시 되살아납니다.

우리 삶의 모습도 마찬가지입니다. 세상의 어두운 면과 밝은 면을 고루 볼 줄 알아야 하듯 어느 한쪽으로만 단정 짓지는 않아야 합니다.

어휴... 잘하는 게 하나도 없는 나는 정말...

나에 대해

나는
누구일까?

근데 정말 나는 누구일까요? 누군가 여러분을 보고 "너는 누구니?"라고 묻는다면 아마도 대부분 자신의 이름을 말할 겁니다. 어려서부터 그렇게 교육을 받아왔고, 그렇게 답하며 지내왔기 때문이죠. 하지만 누군가로부터 "너는 누구니?"라는 질문을 받는다는 건 자신을 알릴 수 있는 최고의 기회가 찾아왔다는 걸 뜻합니다.

우리는 누군가 나를 궁금해한 적이 없는데도 페이스북에서, 인스타그램에서, 카카오톡 프로필에서 나 자신을 모두에게 열심히 알리는 일을 하며 지내고 있습니다. 게다가 나의 기분이 몹시 좋을 때나 좋지 않을 때 프로필 사진을 바꿈으로서 감정을 표출하기도 합니다. 누군가 내 프로필을 보고 나의 감정을 알아달라는 의도에서겠죠.

우리는 이렇게 나 자신을 SNS상에 많이 드러내며 살고 있지만 정작 "너는 누구니?"라는 질문을 오프라인에서 받게 되면 이름 외에는 딱히 설명하지 못하는 게 현실입니다. 여러분이 학교 외에 다른 사회생활 경험이 거의 없는 청소년이기 때문일 수도 있습니다. 하지만 남들 앞에서 자신을 조리 있게 잘 설명하는 교육이 충분하지 못한 대한민국 사람들 대부분에게서 이런 현상이 나타납니다.

이런 현상이 나타나는 근본적인 이유는 '나는 누구일까?'에 대한 생각을 해본 적이 별로 없기 때문일 수 있습니다. 청소년기의 여러분 대부분은 '하고 싶은 것'이 더욱 중요하게 여겨질 뿐, 그 것을 하고 있는 '나'에 대한 생각은 잘 하려 하지 않습니다. 만약 나에 대한 생각을 시작한다고 해도 뚜렷한 정의를 내리지 못한 채 그 생각을 흐지부지 끝내버리는 것이 대부분입니다. 중요한 사실은 '나는 누구일까?'라는 질문의 답변보다 '내가 하고 싶은 것'을 하고 있는 지금 상황이 현재와 미래의 나 자신을 디자인하고 있다는 점입니다. 그 모습으로 여러분이 설명될 수 있겠죠.

대학 입학을 위한 면접이나 직장취업의 면접에서 면접관이 만약 "너는 누구냐?"라며 포괄스러우면서도 당황스러운 질문을 한다고 합시다. 그럼 여러분은 너무 당황한 나머지 "저는 홍길동인데요."라고 짧게 답할 수도 있습니다. 하지만 이런 답변은 특별한 능력을 가지고 있는 여러분 자신을 표현하기에 너무 아까운 대답이죠. 여러분을 설명할 수 있는 수단은 여러분이 가진 이름이 아닙니다. 우리 각자는 다들 남보다 뛰어난 그 무언가를 가지고 있죠. 나 자신을 설명할 때 그 무언가를 반드시 꺼내야 합니다.

먼저 내가 누구인지, 뭘 할 때 가장 즐거워하는지, 같은 시간을 들여 남들과 경쟁해도 어떤 분야에서 내가 더 나은 결과를 보여주는지 등을 생각해보고 나를 수식해 줄 수 있는 표현을 찾아 나를 정의 내려 보는 작업이 필요합니다. 그래야지만 점점 변해가는 내 모습에 대한 철저한 분석이 이루어 질 수 있겠죠.

#1 정의하기

청소년기를 살고 있는 10대의 꿈과 모습은 갑자기 변하고 또 달라질 수 있습니다. 그렇기 때문에 지금 시기에 나 자신을 정의 내리는 게 무의미하다는 생각을 할 수도 있겠죠. 하지만 그렇지 않습니다. 여러분 자신을 정의하는 순간부터 진짜 여러분의 인생이 시작됩니다. 나 자신을 설명할 수 있는 키워드들을 만들어 보세요. 그때부터 나를 위한 진짜 내 삶이 시작될 겁니다.

나는 뭐하는
사람일까?

누군가 지금 여러분에게 "너 지금 뭐하니?"라고 묻는다면 아마 당연히 책을 읽고 있다고 답하겠죠. 그럼 "너는 뭐하는 사람이니?"라고 물어본다면 뭐라고 답할까요? 아마 절반 이상이 "저 학생인데요."라고 대답할 겁니다.

맞습니다. 학생이라고 하는 게 맞죠. 하지만 남들보다 더 뛰어난 가능성을 가지고 있는 여러분 자신을 '그냥 학생'이라고 정의 내리기에는 아까운 점이 많습니다. 여러분 모두에게 꿈이 있을 것입니다. 그 꿈은 시간이 흘러 구체적인 목표가 되고 목표를 성취하기 위해 노력하며 학창시절을 보내게 되겠죠.

오랜 시간이 흘러 성인이 된다면 꿈을 향한 노력의 결과로 '의사'나 '운동선수'와 같은 직업을 갖게 될 것입니다. 그런데 열심히 노력해서 의사가 된 나에게 누군가가 "뭐하는 사람이세요?"라고 묻는다면 그때는 뭐라고 답할까요? 학생 때와 똑같이 아마 "저 의사인데요"라고 답할 가능성이 높습니다.

학생 때 받았던 질문에 대한 대답도 그냥 학생, 의사가 되어서 받았던 질문에도 똑같이 그냥 의사로 답하며 살아갑니다. "저 그냥 학생인데요"라는 말은 수많은 학생 중 단지 한명일 뿐이라는 뜻입니다. "저 그냥 의사에요"라는 말 역시 의료행위를 하는 많은 의사 가운데 한 명에 불과하다는 뜻이고요. 정말 안타깝죠.

필자는 예술고등학교에 다니던 고등학교 시절 눈이 아파서 학교 근처 안과에 방문한 적이 있습니다. 그 안과는 큰 병원이 아니었고 의사 혼자서 개업한 작은 개인병원이었습니다. 진료를 마친 후 의사는 제가 입은 교복을 보고 제게 예고에 다니느냐고 물었죠. 전 그렇다고 답했습니다. 의사는 뒤이어 미술을 전공하느냐고 물었고 저는 그렇다고 답했습니다.

그러자 의사는 처방을 내려주기 전에 잠시 원장실로 들어오라고 했고, 원장실에 따라 들어간 저는 기절할 정도로 크게 놀라게 되었습니다. 그 원장실의 모든 벽면에는 본인이 직접 그린 유화와 아크릴화 작품들이 걸려 있었고, 빈센트 반 고흐의 작품부터 피카소에 이르기까지 다양한 화가의 작품을 따라 그리며 연습한 캔버스들이 한쪽에 진열되어 있었습니다.

원장실 테이블 앞에는 작업을 하던 흔적이 고스란히 묻어 있는 미술도구들이 널려 있었는데 진료가 없는 시간대나 휴식시간을 이용하여 미술활동을 했던 것으로 보였습니다. 의사는 작품을 보여주며 취미로 하는 거라 말했지만, 완성도가 높은 그 그림들을 보면서 당시 미술을 전공하고 있던 필자는 충격을 받을 수밖에 없었습니다.

그 의사는 누군가로부터 뭐 하는 사람이냐는 질문을 받았을 때 그냥 의사라고 답하지 않겠죠. 세상에 몇 명 없는 '그림 그리는 의사'로 답할 수 있을 것입니다. 이 과정에서 보통 의사들과 구별되는 나만의 독창적인 경쟁력이 만들어지게 되는 것이죠.

내가 지금 여기서
왜 이러고 있지?

우리는 상당히 많은 시간을 무의식속에서 보냅니다. 그리고 의식이 돌아왔을 때의 자기 모습을 보면서 놀라게 되는 경우가 많죠. 정신을 차려보니 PC방에서 게임을 하고 있었다거나, 축구를 하고 집으로 돌아오는 길에 학원에 가지 않았다는 걸 깨달으며 현실을 자각하게 되기도 합니다.

어떤 사람은 정신을 차려보니 춤 연습을 하고 있었고, 또 다른 사람은 정신을 차렸을 때 노래를 부르고 있었습니다. 누구라도 정신을 차린 순간 공부를 하고 있던 경우가 흔하지 않은 점은 참 안타까운 부분이죠. 아무도 나에게 춤을 추라고 강요하지 않았지만, 나는 춤을 추고 있었습니다. 노래를 부르는 것, PC방에서 게임을 하는 것도 마찬가지의 경우겠죠. 내 몸이 자연스럽게 내가 하고 싶은 것을 하도록 이끌고 있는 것입니다.

그렇게 내가 하고 싶은 일을 무의식중에 계속 해나간다면 결국 나는 그걸 하는 사람이 되어 있을 것입니다. '춤추는 사람' 또는 '노래하는 사람'으로 나 자신이 디자인되어 가겠죠. 하지만 단지 '춤추는 사람'으로만 나를 정의 내린다면, 이 힘든 세상에서 먹고사는 문제가 해결되지 않을 수 있습니다. '춤추는 사람'이 아닌 '춤을 전문적으로 추는 사람'이 되는 게 내 인생에는 더 큰 이득이 되겠죠.

누구에게나 취미가 있습니다. 시간 여유가 있는 한 그 취미를 막아서는 안 되겠죠. 하지만 그 취미가 나를 모두 정의 내릴 수는 없습니다. 앞서 읽었던 '그림 그리는 의사'의 경우처럼 취미와 하는 일이 분명하게 나뉘어야 합니다. 이 의사는 그림 그리는 걸 취미로 삼고 있던 탓에 '그림 그리는 의사'라는 말을 들을 수 있었습니다. 근데 만약 이 사람이 의사가 아닌 백수였다면 어땠을까요? 그럼 그냥 '그림 그리는 사람'이었을 것입니다. '그림 그리는 의사'와 비교했을 때 느낌이 다르죠. 그림 그리는 사람은 너무도 흔합니다. 다만 그림 그리는 의사가 많지 않기 때문에 의사가 그리는 그림이 더 특별해 보일 수 있는 것입니다.

반대로 취미에 전념한 상태로 나를 디자인하는 방법도 있습니다. '춤추는 사람'을 넘어서 '춤을 전문적으로 추는 사람'이 된다면 전문 댄서나 아이돌, 혹은 SNS에서 유명한 사람이 될 수 있는 길이 더 많아지겠죠. 남는 시간 PC방에 들러서 게임을 하는 'PC방 출입이 잦은 학생'을 넘어서서 게임을 전문적으로 하는 '프로게이머'가 된다면 삶의 디자인은 180도 달라지게 됩니다. PC방 출입을 걱정하던 부모님의 탄식도 사라지게 될 겁니다. 나를 어떻게 디자인하느냐에 따라 내 삶의 방향도, 나를 향한 주변의 대우도 모두 달라지게 됩니다. 내가 결정한 선택과 집중에 따라 내 주변 환경이 반응하게 되는 것이죠.

문제는 전문성을 띨 수 있을 때까지 노력을 해나갈 자신이 있느냐는 것입니다. 시작한 지 얼마 되지 않아 쉽게 포기해버린다거나 작심삼일 스타일이라면 전문성을 띠기에 어려운 점이 있을 수 있습니다. 하지만 정신을 차려보니 계속 내가 뭔가를 하고 있었다면, 그게 나와 맞는 일일 가능성이 매우 높죠. 그것을 전문적으로 발전해나갈 가치는 충분히 있습니다.

하고 싶긴 한데,
잘할 수 있을까요?

필자가 PC방 출입의 경우와 프로게이머를 빗대어 설명한 것으로 기쁜 마음을 갖는 독자가 분명 있을 것 같습니다. 왠지 프로게이머가 되면 PC방 출입이 정당해질 수 있을 것만 같은 설렘, 분명히 있을 겁니다. 하지만 프로게이머가 되는 순간부터 여러분의 취미생활이었던 게임은 여러분에게 스트레스를 주는 일이 되어 버립니다. 한 가지 예를 들어볼게요.

아이들을 너무 좋아해서 유치원 선생님이 되기를 결심한 사람이 있습니다. 이 사람은 대학에 진학해서 유아교육에 대한 전문적인 교육을 받고 유치원 선생님이 되었습니다. 하지만 유치원에 첫 출근을 한 뒤부터 아이들을 대하는 것이 즐거움이 아닌 스트레스로 다가오기 시작했습니다. 그 전까지는 아이의 귀여운 모습을 보면서 '본인이 힐링'했지만 이제는 정해진 시간에 무조건 '아이를 돌보는 일을 해야만 하는 사람'이 된 것이죠. 아이를 대하는 일을 직업으로 삼은 뒤부터는 아이를 보는 행동에 대해 예전과 다른 개념이 생겨난 것입니다.

이렇듯 전문적으로 어떤 일을 하는 사람이 되겠다는 꿈을 가질 때는 그 직업을 가진 미래의 모습을 그려보며 여러 상황 속에서도 지치지 않고 할 수 있을지에 대한 분석을 해볼 필요가 있습니다. 만약 프로게이머가 된 순간부터 PC방 출입이 부담스러워진다면, 게임을 그냥 가벼운 취미로 삼고 지내는 편이 더 나을 것입니다.

우리가 우리의 전문 분야를 딱히 정하지 못하는 이유는 뭐든 잘해야만 한다는 부담감을 갖고 있기 때문일 것입니다. 내가 만약 춤추는 재능을 가진 학생이어도, 어딘가에 나보다 춤을 더 잘 추는 학생이 있을 거라는 생각 때문에 어디 가서 '춤추는 학생'이라고 선뜻 자신을 소개하지 못하게 되는 것이죠. 이 경우 춤을 제법 출지라도 '그냥 학생'이 되어 버리는 겁니다. 참 안타깝죠.

뭐든 잘해야만 된다는 부담감에서 벗어나기를 바랍니다. 세상이 원하는 나의 모습은 내가 하는 일을 '즐겁게' 하는 것입니다. 우리는 경쟁에 너무 길들인 나머지 잘하지 못한다면 별로 내세우고 싶어 하지 않습니다. 자신감 있게 자신의 취미를 드러내며 즐겁게 행동해 보세요. 진짜 멋있는 사람은 어떤 분야를 잘하기만 하는 데 그치는 사람이 아닙니다. 그것을 정말 즐기면서 행복하게 하는 사람입니다. 그런 모습을 보고 우리는 '멋있다'라는 표현을 하는 것이죠. 잘하는 사람에게는 그냥 '잘한다'는 표현만이 따를 뿐입니다.

즐기면서 하는 사람은 계속 발전하여 더 잘할 수 있게 되고, 즐겁게 못 하지만 단지 잘하는 능력만을 갖춘 사람은 점차 그 능력이 떨어지게 되어 있습니다. 자동차에 비유하자면 순간 가속력은 좋았으나 그 속도가 지속되지 못하는 것이죠. 반면 즐기면서 하는 사람은 더 튼튼한 엔진을 가지고 있기 때문에 꾸준히 속도를 올려갈 수 있습니다.

자신의 장점을 계속적으로 드러내고 발전시키는 동시에 단점을 빠르게 고쳐나가기만 하면 자기 계발이 자연스럽게 이루어집니다. "나는 이런 취미를 갖고 있습니다"라고 당당히 드러낼 때 더 많은 가능성의 기회를 맞이할 수 있을 것입니다.

2

분석하기

내가 정말 잘하는 게 있기는 할까?

잘하는 것

좋아하는 것
vs 잘하는 것

대부분 사람들은 자신이 잘하는 것을 직업으로 삼는 경우가 많습니다. 하지만 어떤 것을 '잘한다'라는 뜻은 좋아서 잘하는 것일 수 있지만, 단지 주변에서 내게 잘한다는 말을 하기 때문에 하고 있는 것일 수도 있습니다.

한 가지 예를 들어보겠습니다. 어려서부터 현대무용을 해오던 아이가 있습니다. 아마도 그의 부모가 어릴 적에 무용을 시켜보았는데 탁월한 재능을 보이자 전문적인 교육을 받게 했던 것일 수 있죠. 주위 사람들로부터 '잘한다'라는 칭찬을 들으며 계속 무용을 하던 이 아이는 예고, 대학, 대학원까지 무용을 전공하면서 평생 무용과 함께하는 삶을 살게 됩니다.

하지만 언젠가 뒤돌아보면서 '내가 정말 무용을 행복해서 하고 있는 것인가, 무용은 내가 좋아해서 시작했으며 좋아서 지속하고 있는 것인가'라는 질문을 스스로에게 던질 수 있습니다. 질문에 대한 대답은 긍정적이지 않을 수 있죠. 무용을 좋아해서 했다라기보다는 주변에서 잘한다고 하니까 '내 길은 이것밖에 없다'는 생각에서였을 수 있습니다. 가족들의 큰 기대감 때문이었을 수도 있고요.

어려서부터 무용을 해오던 이 아이는 예술고등학교에 진학하면서 한 친구를 만나게 되었는데, 그 친구는 예고에 진학하기 몇 달 전 무용학원을 다닌 것이 전부라고 했습니다. 그러면서 자신은 정말 무용이 하고 싶어서 학원을 알아보게 되었고, 부모님을 설득하는 데 성공한 결과로 예고에 진학할 수 있었다고 말합니다.

물론 이 친구의 무용 실력은 어려서부터 무용을 갈고 닦아온 아이에 비해서는 떨어지겠죠. 하지만 정말 자신이 좋아서 하는 일을 선택했고, 자신의 삶을 스스로 디자인할 수 있게 됐습니다. 한 친구는 '내가 무용을 좋아해서' 예고에 온 경우이고, 다른 친구는 '내가 무용을 잘하니까' 예고에 온 경우입니다. 어떤 친구가 더 행복한 삶을 살고 있는 걸까요?

어려서부터 한 분야에 천재적 재능을 보이며 지내온 친구에 비해 지금 당장 나는 잘하는 게 없는 것 같이 느껴진다고 고민하거나 좌절할 필요가 없습니다. 진짜 행복한 삶은 '잘하는 게 있는 사람'보다 '하고 싶은 게 있는 사람'에게 더 빨리 찾아옵니다. 칭찬은 듣지만 행복을 느끼지 못한다면 오래 지속하기 힘들겠죠? 반면에 힘들더라도 행복하다면 하지 말라고 해도 하게 되어 있습니다.

누구나 다
잘하는 게 있다

하루 24시간은 누구에게나 공평하게 주어집니다. 하지만 어떤 사람은 잠을 자는 데 그 시간의 절반 이상을 쓰고, 다른 사람은 잠을 자는 시간을 줄여가며 뭔가에 몰두합니다. 또 어떤 이는 시간을 쪼개서 다양한 경험을 하는 데 활용합니다. 반면에 주어진 모든 시간을 하나의 활동에만 쏟아붓는 경우도 있습니다.

우리가 비행기를 타게 되면 가고자 하는 목적지까지 그 비행기를 조종하는 기장과 부기장이 앞에 탑승합니다. 하지만 기내에서 식사 시간이 되면 기장과 부기장에게 서로 다른 식사가 제공됩니다. 같은 음식을 먹고 식중독에 걸리는 상황을 방지하도록 하는 안전장치입니다. 기장과 부기장 둘 중에 한명은 온전한 상태로 있어야 승객을 안전하게 목적지까지 데려갈 수 있을 테니까요.

비행기를 최초로 개발하던 당시의 라이트 형제는 비행기의 안전을 공식적으로 인증받지 못한 상태였습니다. 아무도 하늘을 날아 본 적 없는 상황 속에서 시험개발 중인 비행기를 타고 비행한다는 것이 위험한 시도였던 것이죠. 라이트 형제의 아버지는 비행기가 추락해서 두 아들을 한꺼번에 잃게 갈까 봐 걱정스러워 두 형제가 동시에 탑승하지 못하도록 원칙을 정해 주었습니다. 비행기를 타기 전 동전 던지기를 해서 선택한 쪽이 나오는 사람만 탑승하라는 것이었죠. 이 덕분에 라이트 형제는 한꺼번에 다치거나 목숨을 잃는 일을 피할 수 있었습니다.

이처럼 둘 이상의 경우의 수에 분산하여 투자를 하고 위험도를 낮추는 기법을 '포트폴리오(Portfolio)'라고 합니다. 여러분 모두에게 주어진 24시간을 여러분은 지금 무엇을 하는 데 투자하고 있나? 아마도 좋아하는 춤을 추는 데 투자한다거나 내가 좋아하는 사람이 진행하는 유튜브 영상을 시청하는 데 전부 투자할 것입니다. 하지만 분산투자를 했을 때 여러분 미래에 대한 위험도는 낮아지게 됩니다. 시간을 잘 활용하는 지혜를 발휘하십시오.

주식 투자자는 자신의 돈으로 기업의 주식을 사들인 후, 기업이 좋은 실적을 기록할 때 돈을 벌게 됩니다. 만약 한 기업에 모든 돈을 투자할 경우, 기업실적이 안 좋으면 돈을 다 잃게 될 수도 있기에 투자자들은 분산투자를 하는 포트폴리오 기법을 활용합니다.

여러분 자신을 큰 주식시장이라 생각한 뒤 내가 하고 싶은 일들에 대해 시간이라는 자산을 투자해 보세요. 그 결과 중에서 좋은 성과를 보이는 항목들을 관리해가며 나 자신을 직접 디자인해 나갈 수 있습니다. 여러분 안에는 하고 싶은 일의 분야가 전혀 다른 기장과 부기장이 있습니다. 합쳤을 때 더 큰 힘이 생길 것만 같은 라이트 형제도 여러분 안에 있죠. 그들을 향해 똑같은 투자를 하지 마시기 바랍니다. 다양한 경험을 쌓고 다양한 가능성을 확인한 뒤 좋은 성과를 보인 분야를 선택하고 발전해 나가면 됩니다. 내가 잘하는 것, 내가 해야 할 일에 대한 모습을 그렇게 확인해 나갈 수 있습니다.

반드시 잘해야만 한다는 부담감

TV에 방영되는 다양한 오디션 프로그램을 보면 실력이 조금 부족한 경우여도 심사위원이 뽑고 싶은 사람을 뽑는 경우가 있죠? 심사위원을 대하는 면접이나 오디션은 시험을 보고 난 뒤 성적표에 기록되는 숫자처럼 절대적이지 않습니다. 회사별로 사람을 대하는 성격이 다르고 무엇보다 그 회사가 추구하는 인재상이 다르기에 일어나는 일입니다. 실력은 별로지만 표현력이 좋고 잠재력을 많이 어필했다면 뽑히게 되는 경우가 있습니다. 반대로 실력이 우수하지만 잘 표현하지 못해서 떨어지게 되는 경우가 있죠. 이런 상황을 대처할 땐 어떤 방법을 써야할까요?

여기에는 나 자신이 나를 '기업'으로 여기는 관점과 '기업에 꼭 필요한 인재'로 여기는 두 가지 관점을 들어볼 수 있습니다. 먼저 내가 나를 '기업'으로 여긴다면 기업 입장에서 소비자를 직접 상대해야 하기 때문에 잠재력보다는 우수한 실력이 드러나야 할 것입니다. TV 오디션 프로에 출연해서 자신의 끼와 재능을 유감없이 발휘하는 경우나 유튜브 동영상 크리에이터가 되어 많은 사람의 사랑을 받고 단숨에 스타덤에 오르는 등의 케이스를 들 수 있겠네요.

다음으로 나를 '기업에 꼭 필요한 인재'로 여긴다면 소비자를 상대로 일하는 '기업'을 위해 일해야 하기 때문에 자신이 가지고 있는 잠재 능력을 어필하는 것이 더 나을 것입니다. 기업에 입사를 하게

되면 해당 기업의 사람이 되기 위한 교육을 오랫동안 받아야 하는 경우가 있는데, 그런 교육과 나의 잠재력이 함께 이루어낼 수 있는 시너지 효과를 어필한다면 뽑힐 가능성이 높겠죠.

안타까운 말이지만 면접관은 우리와 똑같은 사람이며 자기가 뽑고 싶은 사람을 뽑습니다. 그리고 자기가 좋아하는 사람을 좋아할 수 있는 권리를 가지고 있습니다. 우리 역시 마찬가지입니다. 만약 우리가 어느 기관의 면접관이 된다고 가정한다면 우리는 수많은 지원자들 중 우리가 뽑고 싶은 사람을 뽑는 모습을 보이겠죠. 어떤 지원자가 비록 실력은 부족하지만 내 마음에 들고, 또 내가 소속된 회사가 필요로 하는 인재라면 그 사람을 뽑을 수 있습니다.

우리는 이처럼 뭔가를 시작하려할 때 반드시 잘해야만 한다는 부담을 느낄 필요가 없습니다. 내가 동영상 크리에이터가 되려고 한다면 내 영상을 시청하게 될 타깃을 미리 정한 후, 그들만 만족시키는 전략을 세우면 됩니다. 그렇게 되면 만족한 그들로 인해 파급효과가 점점 커져가겠죠. 유명 회사의 직원이 되는 게 삶의 목표라면 그 회사가 원하는 직원이 어떤 스타일인지 미리 파악해 보세요. 그리고 어떤 사람들이 그 회사의 직원이 되었는지 조사하면서 방법을 연구해 나가면 됩니다. 우수한 성적만 갖췄다고 좋은 회사에 들어갈 수 있는 게 아닙니다. 회사가 원하는 인재가 아니라면 성적만 좋을 뿐 쓸모없는 사람이 되어 곧 퇴출되겠죠.

뭔가를 엄청나게 잘하는 사람이 되기보다 쓸모 있는 사람, 뽑고 싶은 사람, 같이 일하고 싶은 사람, 함께 있고 싶은 사람이 되려고 노력해 보세요. 면접관도 어차피 사람이고, 사람은 본능적으로 자신이 끌리는 쪽을 선택하게 되어 있습니다.

나는 나를 경영한다

입시를 준비해보면 유명 대학의 경영학과에 우수한 인재들이 몰리는 것을 알게 되고, 그로 인해 경영학과 입시의 문턱이 더 높아지게 되는 것을 경험하게 됩니다. 그렇다면 경영이란 무엇이며 나는 어떻게 경영해야 할까요?

앞장의 설명과 같이 경영의 목적은 '수익창출'입니다. 기업은 경영을 통해 가치를 만들어야 하고 그 가치로 소비자를 만족시켜 구매하게 만들면 기업은 수익을 얻게 됩니다. '나'를 기업으로 여긴다면 나를 경영해서 가치를 만들어내고, 그 가치를 통해 나를 대하는 사람들에게 파급력을 행사할 수 있어야겠죠.

경영은 상당히 많은 부분을 조화롭게 디자인하고 관리하는 모습을 보입니다. 마치 서로 다른 악기들이 모여 있는 오케스트라를 디자인하고 관리하면서 멋진 음악을 만들어내는 지휘자처럼 말이죠.

이처럼 다양한 백그라운드를 가진 사람들이 모이고 그들을 조율하는 과정이 경영이다 보니 경영이라는 과정을 심오한 학문으로 인식하지 않는 경향도 있습니다. 실제로 경영학 석사과정인 MBA과정은 석사학위를 받기 위해 논문을 쓰지 않습니다. 논문을 쓰지 않고 학위를 받을 수 있다는 점에서 경영학을 학문이 아닌 관리와 기술적 측면으로 바라봐야 한다는 시각도 존재합니다. 실제로 경영학을 전공하지 않고도 어떤 분야에서든 탁월한 경영 감각을 보여주는 사람들이 많이 존재하고 있죠.

나를 경영하여 나의 가치를 끌어올릴 수 있고, 여기에 나를 마케팅할 수 있는 능력까지 더한다면 훌륭한 경영 사례가 될 수 있습니다. 유명대학 경영학과의 입시문턱이 높다고 해서 경영을 아무나 할 수 없는 분야라 여기지 마세요. 여러분 자신을 경영하기에 가장 좋은 감각은 여러분 자신이 가지고 있다는 걸 기억하시기 바랍니다.

#2 분석하기

좋아하는 것만 하며 살 순 없나요?

좋아하는 것

좋아하는 것만 하면서
살 수도 있습니다

결론부터 말하자면 가능은 합니다. 하지만 아무런 일도 하지 않은 채 집에서 게임만 하며 지내는 것이 가능하다는 뜻과는 구별됩니다. 자신이 좋아하는 일을 하면서 살 수 있다는 것은 큰 특권입니다. 거기에 더해 좋아할 뿐 아니라 잘하기까지 한다면 금상첨화겠죠. 하지만 대부분의 젊은이들은 조금만 더하면 잘 할 수 있을 텐데 안타깝게도 좋아하기만 하다가 끝이 납니다.

자신이 좋아하는 것만 하며 사는 길에는 반드시 전제조건이 붙습니다. 여러분이 좋아하는 분야가 만약 '반려동물'이라고 한다면, 누군가 '반려동물'이라고 외쳤을 때 바로 떠오르는 사람이 여러분 자신이 되어야 합니다. 그게 가능하다면 여러분이 좋아하는 반려동물과 관련된 일만 하면서 지내도 됩니다. 이미 여러분은 반려동물 관련 분야에서만큼은 최고의 인식이 심어져 있는 상태이므로 반려동물과 관련된 일을 하면 할수록 여러분의 입지는 더욱 두터워질 테니 말입니다.

만약 반려동물을 다루면서 얻게 된 팁이나 고급정보들이 있다면 SNS와 블로그에 업로드하여 관심을 보이는 사람들과 소통해 보세요. 유튜브에 반려동물 관련 채널을 개설한 뒤 전문성 있는 정보를 업로드하는 것도 현재와 미래를 동시에 디자인하는 멋진 방법이 될 수도 있습니다. 대중에게 반려동물에 있어서만큼은 전문가라는 인식이 심어지게 된다면, 웬만해서는 그 인식이 변하지 않을 것이기 때문입니다.

그럼 전문가라는 타이틀을 가지고 내가 좋아하는 일에만 온전히 집중하면서 살 수 있게 되고, 사람들에게 더 좋은 정보를 제공하며 나의 입지를 더욱 굳건히 다질 수 있게 됩니다. 이것 저것 가볍게 대하는 사람들에게 주로 하는 말로 "미친 듯이 하나만 잘해라"는 말이 있습니다. 기왕 할 거라면 그 분야의 최고가 되라는 뜻이겠죠. 자신이 좋아하는 일을 하려고 할 때는 이런 전문성이 있어야 합니다. 만약 나 혼자서 전문성을 기르기 힘들다고 한다면, 공부를 더 해보거나 전문가를 찾아가서 조언을 구해도 될 것입니다.

자신이 좋아하는 일을 하면서 사는 삶이 결코 잘못된 게 아닙니다. 하기 싫은 걸 억지로 참으며 하는 게 잘못된 것도 아니지만, 적어도 그들보다 행복하게 살 수 있는 것이죠. 자존감을 높이며 더 훌륭한 나 자신이 되어갈 수 있는 길이기도 합니다.

좋아하는 걸
찾아가는 단계

1970년 전까지만 하더라도 서울의 강남은 논과 밭만 존재하던 땅이었습니다. 그곳에 기업이 생겨나고 아파트가 올라가면서 서서히 지금의 강남 모습이 만들어진 것이죠. 지금 강남이라는 땅의 가치는 예전 논과 밭일 때와 비교할 수 없을 정도로 상승했습니다.

강남 근처에 있는 분당과 판교 역시도 순차적으로 그 땅의 가치가 상승했습니다. 어설프게 개발되어 있던 땅이 아닌 순수한 논과 밭이었기에 개발의 가능성이 높았던 것이죠. 덕분에 빠르게 개발될 수 있었습니다.

우리 안에 내재된 가능성 중에는 이처럼 개발되기 전의 강남이나 개발되기 전의 판교처럼 논과 밭, 즉 볼품없는 모습이 있을 수 있습니다. 하지만 그 땅 위에서 여러분이 좋아하고 잘할 수 있는 것을 추구한다면 강남이 개발된 것처럼 여러분의 가능성도 계발될 수 있겠죠. 그리고 그 가치는 몰라보게 상승하게 될 것입니다.

여러분 스스로 좋아하는 것이 있다면, 그것에 대한 전문적인 지식과 경험을 더 쌓은 뒤 진짜 전문가가 되어 보세요. 그런 다음 블로그에, 유튜브에, 여러분이 사용하는 SNS에 여러분 자신이 그 분야에 대해 얼마나 애착을 가지고 있으며 얼마만큼 전문적으로 즐겁게 연구하고 있는지를 알려보시기 바랍니다. 그럼 더 많은 사람이 여러분을 그 분야의 전문가로 인식하게 될 테고, 방송에 출연할 수 있는 기회도 더 많아지게 될 겁니다. 왜냐구요? 누군가 그 분야를 언급했을 때 여러분의 이름이 가장 먼저 떠오를 것이기 때문이죠.

뭘 좋아하는 게
좋을까요?

주입식 교육의 끝판 왕이자 가장 성공적인 주입식 교육의 나라인 대한민국. 그 나라의 국민인 여러분은 학교 공부에 대한 압박감 때문인지 자신이 좋아하는 것조차도 정확히 모르거나 비공개로 하는 경우가 많습니다. 또한 좋아한다고 말했을 때 되돌아오게 될 "얼마큼 잘할 수 있느냐"는 질문에 대한 대답도 자신 있게 할 준비가 되지 않았습니다. 때문에 더더욱 좋아하는 걸 드러내기 힘든 경우가 많죠.

그럼 저는 도대체 뭘 좋아해야 하는 게 맞는 거죠?라는 질문을 제게 할 수도 있을 겁니다. 답은 하나밖에 없습니다. 여러분 자신이 진짜 좋아하는 걸 선택하는 것이죠. 자다가도 벌떡 일어나 생각날 정도로 너무 좋아하는 일이라면 그 길을 선택하고 주변을 설득

해보는 용기도 필요합니다. 하지만 그 정도로 좋아하는 게 없다고 한다면 굳이 억지로 찾으려고 하지 마세요. 그냥 내가 잘하는 걸 계속 하면 됩니다. 내 삶의 어떤 부분도 허락받고 좋아해야 될 영역은 없습니다.

내가 좋아하는 분야가 딱히 없다고 한다면 앞장에서도 다뤘듯이 나의 스타일을 파악해 보는 것이 필요합니다. 자동차로 따졌을 때 나는 모닝같이 실용적이고 경제적인 사람인가. 소나타처럼 전체적으로 무난한 사람인가. 카니발처럼 동시에 많은 일을 하고도 체력이 남을 만한 사람인가 등 말이죠. 이렇게 자기 자신을 파악하고 나면 나는 뭘 좋아하는 게 좋을지에 대한 결정을 좀 더 쉽게 내릴 수 있을 겁니다.

#2 분석하기

하고 싶은 걸 하면서 살 수도 있어요?

하고 싶은 것

내가 하고 싶은 걸 하면서
사는 게 가능합니다

지금까지 좋아하는 것과 잘하는 것에 대한 이야기를 했습니다. 이번에는 하고 싶은 것을 하는 삶에 대한 이야기를 나눠볼게요. 내가 하고 싶은 일을 하면서 내 삶을 사는 것은 가능한 일입니다. 다만 법치국가인 대한민국에서 법에 저촉되는 일을 하려고 해서는 안 되겠죠. 그렇게 되면 바로 법의 심판을 받게 됩니다.

직장인들 사이에서 일과 생활의 균형을 중시하는 '워라밸'에 대한 트렌드가 나타났고, 덕분에 퇴근 후에는 자신이 하고 싶은 취미 생활을 즐기는 라이프스타일이 보편화되고 있습니다. 그리고 그들은 취미활동으로 드럼을 배우거나 수영을 하고, 다양한 동호회에서 활동을 하기도 합니다.

그들은 회사에서 대리, 주임 정도의 직급인데 취미활동을 하는 순간만큼은 부장님이나 사장님의 지위를 얻은 것처럼 훌륭한 실력을 뽐내기도 하죠. 직장인들은 이런 취미활동을 통해 삶의 희열을 느끼고 재충전의 시간을 갖습니다.

취미활동을 좀 더 전문적으로 해보고 싶은 사람들 중에는 자신의 취미활동 순간을 사진이나 영상으로 기록하여 블로그나 유튜브에 올리고 전문 크리에이터로 활동하는 경우도 있습니다. 그렇게 크리에이터로 활동하다 보면 취미활동을 통해 얻게 되는 수업이 직장에 출·퇴근해서 얻는 보수보다 높아질 수가 있습니다. 그런 경우엔 자연스럽게 직장을 그만두고 취미생활만을 전업으로 하며 살 수 있습니다. 물론 무작정 수익이 된다고 직장을 포기하며 뛰어드는 것이 아니라 미래에 대한 지속성을 철저히 분석한 후에 말이죠.

여러분을 포함한 밀레니얼 세대는 이전 세대와는 분명히 다른 자신들만의 문화를 가지고 있습니다. 연예인이 아닌 일반인일지라도 자신을 SNS에 끊임없이 알리고 드러내며 대중과 소통하며 살 수 있습니다. 이 과정에서 인플루언서들이 생겨나게 되고, 그중에 셀럽이 되는 경우도 있죠. 그런 인플루언서들은 자신과 소통하는 사람들과의 관계에서만큼은 연예인급의 입지를 가지고 있습니다.

예전처럼 소수의 연예인이 다수의 대중들과 일방적 소통을 하던 것과 달리 다수의 인플루언서가 다수의 대중과 소통하는 문화가 생겨난 것입니다. 내가 좋아하며 하고 싶은 일에 대해서는 그 분야가 점점 더 다양해지며 세분화하고 있기 때문에 디테일하게 선택해 보는 것 또한 방법이 될 수 있습니다.

잘하는 것 vs
좋아서 하는 것

'잘하는 것'과 '좋아서 하는 것'의 개념은 같은 듯 다릅니다. 좀 더 깊이 들어가 보면 좋아하기는 하지만 하고 싶지 않은 것이 있을 수 있고, 딱히 좋아하지는 않지만 한번 해보고 싶은 일이 있을 수 있습니다.

내가 지금 하고 있는 일에 대해 누군가 물으면 "좋으니까 당연히 하고 있는 거 아니에요?"라고 단순하게 답할 수도 있습니다. 하지만 어떤 일이든 일을 하는 사람은 모두 자기가 좋아서 하고 있는 것만은 아닙니다.

공부를 잘하는 학생은 공부를 좋아하기 때문에 공부를 잘할 거라고 생각할 수 있지만 그렇지만은 않습니다. 비록 공부를 좋아하지는 않지만 1등을 한번 해보고 싶어서 공부를 했던 것일 수 있죠. 사람들이 보기에는 공부가 하고 싶어서 공부를 하고 있는 것으로 보일 수 있지만 사실은 1등이 하고 싶어서 공부를 했던 것입니다. 하고 싶은 것은 1등이지 공부가 아니었던 것이죠. 공부를 목표가 아닌 수단으로 여기고 활용한 것입니다.

엄마의 잔소리 때문에 하고 싶지 않은 공부를 한다거나 주위의 압박에 의해 공부를 찔끔 시작한다면 정확한 목표의식이 없이 무작정 공부하는 결과가 될 수 있습니다. 목표의식이 없기 때문에 '공부'라는 개념 자체를 목표로 삼게 될 수 있죠.

공부는 절대 목표가 될 수 없습니다. '공부를 잘하는 학생의 모습' 또한 여러분의 목표가 아닙니다. 여러분의 목표는 여러분이 이루고 싶은 꿈, 즉 의사, 변호사, 엔지니어 등의 모습입니다. '공부를 잘한다'는 건 단지 그 꿈을 이루기 위해 도움을 주는 'VIP티켓' 정도의 개념일 뿐입니다.

만약 공부를 잘하지 않고서도 꿈을 이룰 수 있는 방법이 있다면, 선택과 집중을 할 필요가 있습니다. 앞서 나온 내용과 같이 반려동물 전문가가 되고 싶다면 SNS나 유튜브 채널을 통해 유명해질 수 있는 길이 충분히 있고 전문가라는 타이틀도 대중에게 얻을 수 있습니다. "반려동물 전문가가 되려면 열심히 공부해서 수의학과에 들어가야만 해"라는 고정관념에서 탈피할 수 있게 되는 것이죠.

여러분도 여러분이 하고 싶은 일을 꿈꿔 보시기 바랍니다. 그 꿈은 목표가 될 것이며 그 목표를 향해가는 과정이 공부가 될 수도, 운동이 될 수도 있죠. 여러분이 공부를 좋아하건 운동을 좋아하건 관계 없습니다. 내가 잘하는 일을 하는 동시에 얼마든지 좋아하는 일을 추구할 수 있습니다.

반드시 대세를 따를 필요는 없다

'인싸'가 되어가는 과정이란 사회 트렌드를 얼마만큼 잘 이해하며 따라가고 있느냐를 드러내는 길이기도 합니다. 하지만 모든 사람이 이런 '인싸'가 되는 데만 집착할 필요는 없습니다. 때로는 '아싸'가 세상의 집중을 더 받게 되는 경우가 있죠.

스마트폰이나 자동차의 생산 공정을 살펴보면 기계화 설비를 앞세운 대량생산을 추구합니다. 같은 시간 더 많은 제품을 불량 없이 생산해 내려면 대량생산이 꼭 필요하죠. 우리가 잘 알고 있는 독일 3대 자동차 회사인 벤츠, BMW, 아우디도 기계화 설비의 대량생산으로 자동차를 만들어 냅니다.

대량생산이 표준이 된 자동차 산업의 대세를 따르지 않는 기업이 있으니 바로 람보르기니입니다. 람보르기니는 다른 자동차 회사처

럼 많이 만들어서 많이 파는 방식을 피하고 주문받은 물량만큼만 수
공업으로 생산합니다. 기계가 대신할 수 없는 부분에 사람을 직접 투
입하여 꼼꼼하게 만들기에 더 좋은 차량이 나올 수 있는 것입니다.

'내가 하고 싶은 일'이 많은 사람에게 큰 주목을 받지 못하는 일이
라며 주눅 들 필요가 없습니다. 대량생산 제품의 주변에는 늘 수공
업으로 제품을 만드는 장인이 있으며, 그들은 대부분 그 분야의 권
위자로 인정받는 경우가 많기 때문입니다.

'나'라는 상품을 세상에 내놓을 때 반드시 남들과 똑같은 포장지
를 씌울 필요는 없습니다. 내가 하고 싶은 일을 열심히 해서 대중에
게 인정을 받게 된다면, 대세의 기준은 충분히 '나'로 바뀌게 될 수
있습니다.

내게 맞는 일이 곧
내가 하고 싶은 일

어려운 사람을 돕기 위해 크게 기부하거나 그들을 위한 봉사활동에 두 팔 걷어붙이는 사람들의 모습을 보면서 우리는 경의를 표할 때가 있습니다. 그러면서 '어떻게 저렇게 자기 시간을 들여서 남을 도울까?', '저렇게 남을 돕는 일을 직업으로 삼고 있다니 참 존경스럽다' 등의 생각을 하기도 합니다.

모든 경우가 다 그렇다고는 말할 수 없습니다만, 남을 돕는 봉사의 일을 하는 이유가 자기 자신의 행복을 위해서인 경우가 많습니다. 달리 말하자면 남을 돕는 봉사의 행위가 '내가 좋아서 하는 일'이라는 것이죠.

즉 나를 위해서 시간과 돈을 쓰는 게 대부분인 사회 속에서 남을 위해 시간을 쓰고, 어려운 사람을 돕는 데 돈을 쓰는 걸 보람 있게 여기는 사람이 있는 것입니다. 그들은 자신의 도움을 받아 어려움을 극복해내는 사람들의 모습을 보면서 행복감을 느끼겠죠. 남을 위해 봉사하는 노력이 곧 자신의 행복이 되는 것입니다. 이런 경우엔 그 일을 오래 지속하게 될 수 있겠죠?

여러 가지 활동을 해보면 나에게 맞는 일을 찾을 수 있습니다. 언급한 내용처럼 봉사활동을 통해 상대방의 웃는 모습을 보는 것에 행복감을 느끼는 경우가 있고, 자기계발을 통한 본인의 성장에 만족감을 느끼게 될 수도 있습니다.

어떤 것이 맞다 틀리다로 정의 내릴 수 없습니다. 우리에겐 각자 저마다의 기준이 있으니까요. 한 가지 중요한 점은 억지로 무엇인가를 하기보다는 좋아하는 것을 찾는 과정이 필요하다는 것입니다. 또한 좋아하는 것들 중 내가 정말 하고 싶은 게 있는지 어떤 꿈을 꾸고 싶은지 스스로에게 질문하는 과정 또한 매우 중요합니다.

사람은 모두 내가 원하는 것을 하며 살아갈 수 있습니다. 법이 정한 테두리 안에서 말이죠. 하고 싶은 게 있다면 지금 바로 시작해 보세요. 그걸 찾아가는 과정 또한 매우 값진 수업이 될 것입니다.

사실, 두려운 게 없다면 거짓말이죠...

두려운 것

인간의 두려움은
자연스러운 현상

카이스트 정재승 교수는 청춘콘서트에서 '후회 없는 삶'이란 저급한 뇌의 활동이라고 정의 내리며 후회를 하는 삶만이 더 나은 선택을 할 수 있다고 말했습니다. 그는 '후회란 내가 했던 선택과 하지 않았던 선택을 머릿속으로 그려보면서 비교하는 행위'라 말하며 더욱 능동적으로 후회할 것을 장려했습니다.

우리 인간은 누구나 지나간 일에 대해 후회를 합니다. 그리고 그 후회의 끝을 행위에 대한 두려움으로 잘못 정리해 위축된 행동을 보이는 경우가 있죠. 하지만 정재승 교수의 말처럼 후회를 해야만 더 나은 선택이 가능해집니다. 후회의 끝을 두려움으로 정리해버리지 않기를 바랍니다. 후회는 아주 훌륭한 감정의 경험이 될 수 있습니다.

간혹 앞으로 하고 싶은 일에 대해서도 겁이 나서 하지 못하게 되는 경우가 있죠. 겁이 난다는 건 실패할지도 모른다는 이유에서입니다. 물론 실패할 수 있습니다. 하지만 실패할지도 모른다는 희미한 확률이 두려워서 시작조차 못한다면 성공에 대한 높은 가능성 또한 모두 제거해 버리는 결과가 됩니다.

우리가 사용하고 있는 페이스북, 유튜브, 그리고 아이폰을 만든 애플 모두 그 시작이 화려하지는 않았습니다. 페이스북은 대학교 기숙사에서 노트북 한 대로 시작한 창업이었으며, 애플은 사무실을 마련하지도 못해 집에 딸린 차고에서 시작했습니다. 유튜브는 공식적으로 서비스를 시작한 후 2개월이 넘도록 아무도 사용하지 않았던 초라한 플랫폼이었습니다. 하지만 유튜브와 페이스북, 그리고 애플의 가치는 그 시작의 초라함과는 달리 지금은 너무도 거대하게 성장을 했죠. 만약 이 창업자들이 실패할지도 모른다는 두려움에 쌓인 채 시작할 엄두조차 내지 못했다면, 우리는 SNS로 전 세계와 소통할 수도, 유튜브에서 원하는 영상을 볼 수도, 스마트폰을 사용할 수조차 없었겠죠.

창업자들이 두려움을 극복했기에 우리가 더 많은 것을 누리며 살아가고 있는 것입니다. 이처럼 내 안에 잠재된 두려움에 대한 극복은 내 주변을 변화시키고, 나아가서는 세상을 더 이롭게 만들기도 합니다. 여러분의 가능성을 여러분 스스로 폄훼하지 않기를 바랍니다.

유튜브의
초라한 시작

요즘 사람들은 전자제품을 구매한 뒤 깨알 같은 글자로 뒤덮인 설명서를 뚫어져라 읽지 않는다고 합니다. 그들은 곧바로 유튜브에 접속해서 내가 구매한 제품의 사용방법을 검색합니다. 그럼 설명서에 적힌 것보다 더 자세하게 제품 기능에 대한 설명을 들을 수 있고, 직접 시연하는 영상까지 볼 수 있습니다.

구매하고 싶은 제품이 있는데 장·단점을 좀 더 자세히 알아보고 싶다면 그 제품을 먼저 구매한 사용자의 언박싱 유튜브 영상을 시청하면 됩니다. 읽고 싶은 책이 있는데 읽을 여유가 없다면 먼저 읽고 요약해 놓은 유튜브 영상을 시청하면 됩니다.

사용자뿐만이 아니라 기업에서도 유튜브를 활용하여 기업의 상품을 효과적으로 마케팅하고 있습니다. 어느샌가 유튜브는 우리 일상 생활 속에 깊게 뿌리 내려가고 있었습니다.

지금의 화려함과는 다르게 유튜브는 그 시작이 매우 초라했습니다. 유튜브에 처음으로 올라오게 된 동영상은 2005년 4월 23일 유

튜브 공동 창업자 중 한명인 자베트 카림(Jawed Karim)의 코끼리 소개 동영상입니다. 그는 동물원 우리 앞에서 코끼리를 찍으며 "코끼리의 긴 코가 참 멋지네요"라는 말만 하다가 18초 만에 영상을 끝냅니다.

공식적으로 유튜브의 서비스가 시작된 날짜가 2005년 2월 14일이니까 첫 동영상이 올라오기까지 2개월이 넘게 걸렸으며 그 기간 동안 아무도 사용하지 않았던 것이었습니다. 하지만 초라하게 시작했던 유튜브는 2006년 구글(Google)에 인수되기 시작하면서 주목받기 시작했습니다. 인수 대금은 우리 돈으로 약 2조 2천억 원에 달하는 16억 5천만 달러였습니다.

2009년까지 별다른 수익을 내지 못하던 구글의 유튜브는 2019년 161억 5천만 달러의 광고매출을 기록하는 등 놀라운 성과를 기록했습니다. 이 금액은 우리 돈으로 약 18조 600억 원에 달하는 금액입니다.

실패할지도 모른다고, 시작이 기대에 못 미친다고 실망하거나 포기하면 안 됩니다. 어색한 말투로 코끼리의 코를 언급하며 서비스를 시작했던 유튜브도, 사무실을 마련하지 못해 차고에서 시작한 애플도, 기숙사 노트북에서 서비스를 시작했던 페이스북도 그 처음이 화려했던 건 아니었으니까요.

리어카에서 시작한
블루보틀과 석봉토스트

   이제는 우리나라에도 상륙했지만 미국의 블루보틀 커피는 줄 서서 마시는 커피로 유명했습니다. 블루보틀의 창업자인 제임스 프리먼은 원래 오케스트라의 클라리넷 연주자였는데, 커피를 너무도 사랑한 나머지 단원 생활을 그만두고 자신이 직접 만든 커피를 사람들에게 나눠주며 블루보틀을 창업했다고 합니다.

   블루보틀이 다른 커피와 달랐던 점은 비록 허름한 창고였지만 그곳에서 직접 로스팅한 원두를 리어카에 싣고 다니며 드립커피를 제조해서 판매했다는 점입니다. 에스프레소 기계에서 만드는 일반적 커피와 달리 드립커피는 한잔을 만드는 데 10분 이상의 시간이 소요됐고, 그 시간 동안 블루보틀 창업자는 손님과 1:1로 커피에 대한 대화를 나누었습니다.

   스타벅스에서 10분이면 열 잔도 넘는 커피를 만들었을 텐데, 블루보틀은 한 잔의 커피를 만드는 데 10분이 넘는 시간이 필요했습니다. 하지만 커피를 내리는 그 시간동안 손님과 충분한 감정을 교류한 뒤에 세상 어디에서도 맛본 적 없는 맛있는 커피를 손님에게 제공하니 블루보틀은 미국에서 점점 유명한 커피가 되었습니다. 그 때문에 사람들이 리어카 앞에서 줄을 서서 기다릴 수밖에 없었죠.

블루보틀은 점점 더 유명해져서 창업 5년 만에 리어카에서 벗어나 오프라인 1호점을 오픈하게 됩니다. 원두 로스팅을 위해 빌렸던 허름한 창고도 진정성을 추구하는 창업자 덕분에 업그레이드될 수 있었죠.

국내에서 프랜차이즈 가맹 사업을 하고 있는 석봉토스트 역시 리어카에서 토스트를 판매하며 시작했습니다. 석봉토스트 대표는 그 공간을 찾아오는 한 사람 한 사람에게 진심을 다해 친절 어린 서비스를 제공했고, 그 결과 창업 당시 1.5평의 조그마한 토스트 제조 공간을 벗어나 큰 기업으로 성장해갈 수 있었습니다. 블루보틀과 마찬가지로 진정성 있게 사람을 대했던 결과라고 할 수 있겠죠.

블루보틀과 석봉토스트 모두 그 시작은 매우 초라했습니다. 하지만 진정성 있게 사람을 대하는 서비스를 통해 큰 기업과 서비스로 확장해나갈 수 있었죠. 두 경우 모두 작은 리어카에서 사업을 시작했습니다. 하지만 스스로를 초라하다 여기지 않았던 결과 거대한 서비스로 발전해 나갈 수 있었습니다.

시작에 대한 두려움을 극복하지 못했다면 블루보틀도 석봉토스트도 지금 세상에 존재하지 않았을 겁니다. 하지만 그들은 극복해냈고 성공한 뒤에 그 초라했던 시작을 뒤돌아보며 추억할 수 있는 것이죠.

나를 증명하기 위해
반드시 필요한 선택

여러분은 때로 아무 생각 없이 세상을 살고 있는 것처럼 느낄 수 있지만, 사실 상당히 많은 생각 속에서 선택을 하며 살고 있습니다. 내가 어떤 선택을 했느냐에 따라 내 이미지가 달라질 수 있고, 때로는 후회할 법한 상황이 생겨날 수도 있죠.

제2차 세계대전 당시 일본은 막강한 군사력을 가진 나라였습니다. 여러 크고 강한 나라들을 상대로 승리를 거두며 세계 최고의 입지를 굳히고 있었습니다. 그러던 중에 미국을 공격하는 선택을 했고, 그 결과 제2차 세계대전의 패전국으로 전락하게 되죠.

2000년대 이전 필름 카메라 제조업체인 코닥은 디지털 카메라를 세계 최초로 개발해냈습니다. 하지만 필름 카메라와 필름이 주요 품목이었던 코닥은 앞으로도 사람들이 계속 필름 카메라를 사용할 것이라는 예측을 했습니다. 그러고는 디지털 카메라 대신 필름 카메라 생산에 주력하겠다는 선택을 하게 되죠.

21세기가 되자 사람들을 디지털 카메라를 사용하게 되었고, 불편했던 필름 카메라를 과감히 던져버렸습니다. 코닥은 디지털 시대를 개막하기는 했지만 선택을 잘못했던 나머지 시장에서 몰락해 버리게 되죠.

여러분은 여러분 자신을 어떻게 분석하고 계신가요? 앞서 설명한 내용처럼 여러분 자신을 기업으로, 국가로, 도시로 생각하고 직접 경영하는 마인드를 가지시기 바랍니다. 두려움을 잘 제어하면서 내 삶을 디자인해 나가야 하겠죠. 필름 카메라의 코닥도, 제2차 세계대전 속 일본도 두려움 없이 선택한 결과 그 끝이 좋지 않았습니다.

그들은 "지금 내가 하고 있는 일이 다 잘 되고 있으니까 앞으로 하는 일들도 무조건 다 잘 될 것"이라는 생각으로 미래를 얕보며 눈앞의 일들을 선택해 나갔습니다. 지금 내가 하고 있는 일이 잘 된다고 해서 앞으로도 그렇게 될 거라는 보장은 없으며, 지금 당장 힘들다고 해서 평생 그렇게 살라는 법 또한 없습니다.

순간순간 선택의 기로 앞에서 어떤 모습의 내가 되고 싶은지에 대한 명확한 가이드라인을 세우고 그대로 나 자신을 디자인하며 살아가야 합니다. 두려움은 누구에게나 존재합니다. 하지만 극복해 내지 못할 두려움은 애초에 내게 찾아오지도 않습니다. 미래에 대한 좋은 꿈을 꾸며 목표를 세우고 잘 선택해 나가길 바랍니다.

3

탐색하기

나는 뭐 하는 사람이 되어야 할까?

직업 탐색

평생직장이라는
말은 이제 옛말?

번역가라는 직업을 갖고 있는 한 젊은이가 있습니다. 이 친구는 번역가가 되기 위해 관련 학과를 다녔다거나 치밀한 준비를 하지는 않았습니다. 단지 자신이 좋아하는 유튜버의 덕질을 하다가 번역가가 된 독특한 이력을 가지고 있습니다.

대학생이었던 이 친구는 자신이 좋아하는 유튜버의 영상을 해외에 있는 시청자들에게도 전달할 수 있으면 좋겠다는 마음에 자발적으로 자막을 달아주었다고 합니다. 그렇게 1년 정도 유튜버의 영상에 자막을 달아주는 작업을 하면서 지내다가 문득 구인구직 사이트에서 번역가를 구한다는 공고를 보고 입사한 뒤 본격적으로 번역 관련 일을 하게 됩니다.

우리나라에는 평생직장이라는 말이 있었습니다. 외국과 달리 우리나라는 정년이 되어 은퇴하기 전까지 하나의 직업과 직장에서 꾸준히 근로하는 모습을 모범적인 경우로 여겼기 때문이죠. 하지만 미국과 유럽 등 외국에서는 1~2년마다 다른 회사로 이직하고 있으며, 오히려 한 직장에 오래 머무르는 걸 기피한다고 합니다. 심지어는 세계 최대의 검색 엔진인 구글(Google)에서 일하는 직장인들마저도 자신의 능력을 더 좋게 발휘할 수 있도록 다른 회사로 쉽게 이직하는 문화가 보편화되어 있습니다. 우리나라에서는 지금까지 한 직장에 오래 머무르지 못하면 무슨 문제가 있는 사람이라 생각했습니다. 하지만 우리도 지금은 많이 변해가고 있죠.

한국과학영재학교와 카이스트를 졸업한 뒤 돼지고기를 파는 청년이 있습니다. 도축 4일 이내의 신선한 돼지고기만을 배송하는 업체인 '정육각'의 김재연 대표인데요. 그는 수학 영재로 미국 국무성 장학생으로 선발되었는데도 이를 포기하고 돼지고기를 팔기로 결심했다고 합니다. 돼지고기 판매 창업 5년 만에 매출 250억 원을 넘보고 있는 김재연 대표는 장학생으로 미국에 가기 전 용돈을 벌기 위해 고기를 떼다가 썰어서 판매하는 일을 직접 하며 정육업에 대한 감각을 익혔다고 하네요.

이처럼 다양한 경험 속에서 우연히 흥미를 찾아 일을 시작하게 되는 경우가 꽤 많이 있습니다. 즐겁게 일하는 그들은 본인이 시작한 일을 '평생직업'으로 여기지 않는 유연함을 보여주기도 합니다. 직업은 능력과 기회에 따라서 얼마든지 달라질 수 있죠. 가장 중요한 건 내가 지금 어떤 분야에 관심과 흥미를 느끼고 있느냐이며, 어떤 일을 했을 때 가장 행복하고 적성에 맞는가를 따져보는 것 또한 중요합니다.

관심사는
계속 변한다

자신이 흥미를 느껴 시작하게 된 그 일을 평생 좋아하며 지낼 수 있을지는 아무도 장담할 수 없습니다. 우리의 관심사는 계속 변하고 있죠. 심리학자인 조르디 쿠아드박, 티머시 윌슨, 대니얼 길버트는 사람의 관심사가 예상보다 훨씬 자주 변하고 있으므로 지금의 관심사를 과대평가하면 안 된다는 연구결과를 내놓기도 했습니다.

지금은 새벽배송을 하는 업체가 많아졌지만 국내에서 처음으로 새벽배송이 선보이게 된 건 2011년 무렵 창업한 '덤앤더머스'였다고 합니다. 현대중공업을 퇴사한 후 덤앤더머스를 창업한 조성우 대표는 신선식품을 배송하는 사업 아이템으로 새벽배송을 국내에서 처음으로 시작했고, 2015년에는 자신이 창업한 기업을 '배달의민족'에 매각하여 '배민프레시'라는 브랜드를 만들어냅니다.

조성우 대표가 퇴사하기 전까지 다니던 회사인 현대중공업과 신선식품 새벽배송은 전혀 연관성이 없어 보입니다. 하지만 사회가 빠른 속도로 변화하듯 관심사 역시도 계속 변하고 있기 때문에 가능한 일입니다.

이렇게 '배달의민족'에 합류하게 된 조성우 대표는 2017년이 되자 돌연 자신이 만든 '배민프레시'마저도 퇴사하더니 곧바로 미국으로 여행을 떠납니다. 하지만 미국 여행 중 차량털이를 당하고 모든 소지품을 잃게 되는 경험을 하게 됩니다. 조 대표는 이 경험을 바탕으로 한국으로 돌아와 '집 밖에 내놓아도 잃어버리지 않는 세탁물' 관련 사업을 하기로 결심합니다.

2018년 1월 조 대표는 의식주컴퍼니를 설립하였고, 총 65억 원의 투자 유치에 성공하게 됩니다. 2019년에는 비대면 모바일 세탁 서비스인 '런드리고'를 출시하게 되죠. 조 대표의 창업 이전에는 현대중공업에서 일을 했던 관련성 없는 이력만이 있을 뿐이었습니다. 하지만 조 대표는 자신의 관심사가 변하는 흐름에 민첩하게 대응하며 행동전략을 펼쳤고, 덕분에 하는 일마다 대박을 터트릴 수 있었습니다. 심지어는 자신이 차량털이 강도를 당했던 안 좋았던 기억마저도 자신의 사업 아이템으로 활용하는 모습을 보여줍니다.

마켓컬리의 김슬아 대표 역시 마켓컬리를 창업하기 전까지 골드만삭스와 맥킨지 등의 회사에서 컨설턴트로 일한 경력을 가지고 있었습니다. 하지만 워낙 먹는 걸 좋아하는 자신의 관심사 때문에 음식사업을 시작하게 되었다고 합니다.

이처럼 우리의 관심사가 달라지면 하는 일이 달라질 수 있고, 그에 맞춰 산업군은 자연스레 이동하게 될 수 있습니다. 여러분 자신의 관심사가 경제의 흐름을 바꾸는 중요한 역할을 하게 될 수 있다는 뜻이죠.

나의 평생직장도, 내가 뭘 해서 먹고 살아갈 사람인지도 미리 정할 필요는 없습니다. 내가 관심 가는 대로 그 분야에서 좋은 성과를 낼 수만 있다면 더욱 탐구해도 괜찮습니다.

또한 내가 잘하는 일과 좋아하는 일 사이에서 어떤 일을 선택해야 할지에 대한 고민을 하게 될 수도 있습니다. 이는 행복한 고민인 동시에 어려운 선택이기도 합니다. 여기에는 직업에 대한 가치관이 중요하게 작용합니다. 직업에 대한 가치관은 눈에 보이는 부와 명예, 본인의 이미지 등을 중시하는 외적 가치와 내면적인 성장을 도모하는 내적 가치로 나누어 볼 수 있어요.

내가 번듯하게 성공해서 남들 앞에 좋은 모습을 보이길 원하는지,

아니면 일을 하면서 나 스스로가 만족하는 삶을 살고 싶은 건지 먼저 생각해 볼 필요가 있습니다. 그 가치에 맞는 일을 선택해야만 행복하게 일을 하며 지낼 수 있게 됩니다.

청소년기를 보내고 있는 여러분은 내가 어떤 가치를 더욱 중시하는 사람인지 살펴보고, 되도록 다양한 활동을 하며 본인의 적성을 찾아갈 수 있길 바랍니다.

나는 뭘 공부하는 사람이 되어야 할까?

학교 탐색

가고 싶은 학교
vs 배우고 싶은 전공

대입을 목표로 열심히 공부하는 청소년이라면 입학을 꿈꿔본 대학이 하나쯤은 있을 것입니다. 그런데 교육 플랫폼은 문과와 이과로만 나뉘어 있을 뿐, 구체적으로 어떤 전공을 선택해야할지에 대한 구성이 잘 되어 있지 않습니다. 때문에 전공을 선택할 때 '성적에 맞춰 선택'하는 아이러니한 현상이 이어져오고 있기도 합니다.

필자가 쓴《홍대 앞은 왜 홍대를 다니지 않는 사람들로 가득할까》에는 사람들이 스타벅스에서 판매하는 커피를 원해서 스타벅스를 방문하는 건지, 아니면 스타벅스라는 공간을 원해서 일단 방문한 뒤

커피를 선택하는 것인지에 대한 분석이 나옵니다.

스타벅스를 운영하는 회사 측에서 중요하게 생각하는 가치는 '커피'가 아닌 '공간'입니다. 훌륭한 커피 맛을 고객에게 제공하고자 하는 경영이 아니라 '공간의 가치'를 경험하게 만드는 경영철학을 갖고 있는 것이죠. 실제로 스타벅스는 집과 회사 사이의 '제3의 공간'이라는 콘셉트를 앞세우며 매장 운영을 지속하고 있습니다.

스타벅스에 가고 싶은 마음을 학교 탐색에 빗대어본다면 〈스타벅스=대학교〉, 그리고 〈커피=전공〉 즈음으로 생각해 볼 수 있겠네요. 전공을 생각하지 않고 무작정 이 대학에 들어가고 싶다고 한다면, 무의식중에 스타벅스에 방문하는 사람의 경우와 크게 다르지 않을 수 있습니다. 스타벅스에서 아메리카노를 시키던지 생과일 음료를 시키던지 관계없이 일단 스타벅스에 들어가는 게 큰 목적이라는 것이죠. 주문할 음료를 생각하지 않고 무작정 스타벅스에 들어가는 모습은 마치 전공은 나중에 생각하기로 한 다음 가고 싶은 학교에 일단 가자고 하는 모습과 크게 다르지 않습니다.

반면 지금 내가 마시고 싶은 음료를 확실하게 먼저 정해놓은 뒤, 그것을 가장 맛있게 제공해 줄 카페를 정하는 방법이 있습니다. 그래야만 무작정 들어가게 될 스타벅스를 피해서 바로 옆 공차로 향할 수 있죠. 공차에서 마시는 타로 밀크티야말로 진정 내가 원하는 음료였습니다. 하지만 남들이 스타벅스에서 음료를 마시는 게 대세라고 여기고 있기 때문에 그 시선을 의식해 스타벅스로 들어가게 되고 결국 내게 맞지도 않는 쓴 커피를 마시게 됩니다. 이는 스스로의 삶에 경제적이지 않은 선택을 한 것이죠.

먹고 싶은 음료를 먼저 정해놓고 카페를 찾는 모습은 공부하고 싶은 전공을 먼저 정한 뒤 가장 좋은 교육을 받을 수 있는 대학을 찾아가는 모습과 같은 맥락에서 생각해 볼 수 있습니다. 우리가 카페라는 공간에 방문하는 건 단순히 커피만을 목적으로 하고 있지 않습니다. 카페 안에서 수다를 떨고, 책을 읽고, 때로는 공부를 하면서 시간을 보내려면 매장의 인테리어나 공간의 특성을 꼼꼼히 따져보고 나와 잘 맞는지, 내게 적합한지 등을 확인해봐야 합니다.

이처럼 대학교도 미리 조사해보고 나에게 맞는 곳인지를 알아봐야 합니다. 무조건 서울대만 간다고 해서 훌륭한 사람이 되거나 행복한 삶이 보장되지는 않습니다. 만약 서울대가 나와 잘 맞지 않는 시스템이나 공간적 성격을 가지고 있다는 게 확인된다면 다른 대학을 선택하는 것이 내 삶에 더 이득이 될 수 있겠죠. 무조건 스타벅스만 들어간다고 해서 좋은 커피숍에 간 것이 아닙니다. 내가 진짜로 먹고 싶었던 음료, 나와 잘 맞는 좋은 매장 분위기는 스타벅스가 아닌 다른 카페일 수 있죠.

나를 바라보는 다른 사람들의 시선 때문에 내 인생을 낭비하지 마시기 바랍니다. 여러분 자신이 스타벅스보다 공차에 들어갔을 때 더 편안하고 공부가 잘 된다면, 스타벅스에 대한 미련을 더 이상 갖지 마세요. 가장 중요한 건 내 인생이 얼마나 더 행복한 방향을 향하고 있느냐입니다.

내 전공을 대하는
다양한 시각

내가 공부하고 싶고, 앞으로 전공하게 될 과목에 대해 대학들이 어떠한 시각을 갖고 있는지를 살펴본다면 입시와 진로 설정에 도움이 될 수 있습니다. 공식적이지는 않지만 통상적으로 국내 각 대학들은 자기 대학을 대표할만한 간판 학과를 하나씩 가지고 있습니다.

홍익대를 이야기하면 미술대학이 자연스럽게 떠오르고, 서강대는 경제학에 대한 전통을 잇고 있습니다. 하지만 경제학을 공부하고 싶다고 무조건 서강대를 목표로 할 필요는 없습니다. 소위 '서강학파'라 불리는 경제학자들은 1970년 경제개발 전략을 주도했던 고위 경제관료들을 일컫는데, 분배나 형평성에 비해 성장을 중시하는 모습을 보입니다.

반면 서울대 '학현학파'로 분류되는 경제인들은 성장을 중시하는 '서강학파'와는 달리 소득분배나 공정성을 더 많이 고려하는 경향을 보입니다. 두 학파모두 정통 학파라기보다는 비슷한 학문적 성향의 인적 네트워크이기는 하지만 한국 경제학계의 양대 학파로써 각기 뿌리를 둔 자기 대학에 큰 영향력을 행사하고 있습니다.

따라서 무작정 경제학과가 유명한 서강대에 들어가야 한다는 마음만 갖는다면 내 소신과 다른 색깔의 학문적 영향을 받게 될 수도 있는 것입니다. 서울대 경제학과의 경우도 마찬가지라고 할 수 있겠죠.

대입을 위해 미대입시학원에 다니고 있다면 입시의 높은 문턱을 자랑하는 서울대, 국민대, 홍익대를 대부분 아실 것입니다. 필자는 디자인을 전공했으므로 디자인과에 대한 예를 들어보겠습니다.

미술과 디자인은 엄연히 다른 분야입니다. 순수미술은 실생활에서 영리 목적으로 응용되기도 합니다. 하지만 화가 자신의 예술세계를 이해할 수 있는 대중들을 향해서 주로 활동 하는 모습을 보이고 있습니다. 따라서 미술활동의 주체는 화가 자신이며 내가 좋아서 하고 있는 예술세계를 이해하는 사람들이 그 화가의 고객이 됩니다. 반면 디자인은 일반 소비자가 원하는 부분에 대해 철저한 사전 조사를 하고 그에 맞는 기획을 한 뒤 소비자를 만족시키기 위해 작업을 진행합니다. 즉 시작부터 끝까지 소비자의 만족을 위한 기획인 것이죠. 이는 나의 예술 활동을 이해하고 좋아해주는 사람들만을 상대로 하는 순수미술의 지향점과는 많은 부분이 다릅니다.

그런데 서울대, 국민대, 홍익대 중에서 디자인과 미술을 분리해서 설치한 대학은 국민대밖에 없습니다. 서울대는 미술대학(College of Fine Arts) 안에 디자인학과를 설치했습니다. 본래 미술로 유명한 홍익대 역시 마찬가지로 미술대학(College of Fine Arts) 안에 디자인학과가 설치되어 있습니다(서울캠퍼스 기준). 반면 국민대는 미대가 아닌 조형대학(College of Design)에 디자인학과만을 설치하였고, 순수미술과 관련된 미술학과는 모두 예술대학(College of Art)에 있습니다. 그리고 디자인학과들로만 구성된 조형대학 안에 시각, 공간, 공업, 영상, 패션, 운송기기디자인 등 다양한 디자인학과를 설치하여 각 디자인 분야에 집중한 교육을 실시합니다.

서울대와 홍익대는 미술의 한 갈래로써 디자인을 바라보고 있고, 국민대는 미술과 디자인을 분리한 뒤 디자인과만 따로 모아놓은 단과대학을 보유하고 있습니다. 이런 점만 봐도 디자인이라는 전공을 대하는 시각이 대학별로 다름을 알 수 있습니다. 이처럼 내가 목표로 삼고 있는 대학에서는 내가 하고자 하는 전공을 어떻게 대하고 있는지 알아보는 것도 필요합니다. 홍익대는 원래 미술로 유명한 대학이니 국민대처럼 디자인에 대한 선택과 집중을 따로 하지 않는 것이 어떻게 보면 당연할 수도 있습니다.

내게 맞는 일 vs
내가 하고 싶은 일

어떤 전공을 선택해 어느 대학을 가더라도 결국엔 졸업을 하게 되고, 그 후엔 일을 하며 지내게 됩니다. 결국 대학을 가는 목적 역시 좀 더 전문성 있는 내가 되도록 다듬는 과정이라고 할 수 있습니다.

창의력과 관리 능력이 뛰어나다면 취업 대신 창업에 도전해 보는 것도 하나의 방법이 될 수 있습니다. 고등학생들에게 '존쌤'이라 불리는 영어 스타 강사 현승원 의장은 일찌감치 창업을 통해 능력을 인정받았고, 30대인 지금 나이까지 기부한 금액만 총 100억 원이 넘는다고 합니다.

그는 2011년부터 경기도 안산에 '쓰리제이에듀'라는 작은 영어 학원 사무실을 차리고 온라인 수강생들에게 동영상 강의를 제공했습니다. 고등학생 수강생으로만 2013년에 1400명을 돌파하더니 2014년 말에는 4500명까지 늘어나게 되었고, 2019년엔 매출액 720억 원의 기업이 되도록 회사를 이끌었습니다.

그 후 자신의 회사 지분 50%를 사모펀드에 매각했는데 매각대금으로만 1650억 원을 받는 대박을 치게 됩니다. 직장생활보다 창업을 통해 성공할 수 있는 본인의 가능성을 믿었고, 자신의 능력을 잘

계발하고 또 발휘하면서 사업적 성공까지 이루게 된 경우라고 할
수 있습니다.

현재 국민대, 성균관대, 카이스트 등의 대학에는 창업과 관련된
대학원이 운영되고 있으며 서울대 역시 창업대학원을 설치하고 운
영할 준비를 하고 있습니다. 학위를 받는 졸업 요건을 논문이 아닌
창업으로 대신하겠다고 하는 걸 보면 창업을 통한 경제기여도가 상
당한 것으로 풀이할 수 있습니다.

아이폰을 만드는 애플은 스티브잡스가 창업하여 시작되었고, 우
리가 컴퓨터에서 사용하는 윈도 역시 마이크로소프트사의 창업에
의해 가능해진 것입니다. 우리는 애플이나 마이크로소프트에 입사

해 그곳에서 일하는 걸 성공이라 여깁니다. 하지만 그런 회사에 들어가기보다 그런 회사를 직접 만들게 된다면 더 큰 경제효과를 불러올 수 있겠죠. 또 더 많은 사람에게 회사에서 일할 수 있는 일자리를 만들어주게 됩니다.

꿈은 꾸는 자에게만 허락되고 목표는 이루고자 하는 자에게 기회를 제공합니다. 경기도 안산에 작은 영어학원을 차린 '존쌤'은 사업의 성공을 이뤄냈습니다. 그를 통해 애플이나 마이크로소프트에 입사해 받게 될 자신의 연봉 몇 십 배에 해당하는 금액을 온전히 기부하는 데만 쓸 수 있었죠.

자신의 가능성을 너무 낮게 평가하지 않기 바랍니다. 그리고 그 가능성을 위한 노력을 절대 게을리 하지 않기를 당부드립니다.

나는 어떤 사람이 되어야 할까?

성향 탐색

난 누구?
여긴 어디?

우린 무의식중에 어딘가를 향해 가다가 정신을 차린 뒤 잠시 현자타임을 갖게 되는 경우가 있습니다. 또한 무의식중에 어떤 행동을 하다가도 마찬가지 경우가 생기죠. 무의식중에 일어난 일은 대부분 습관에 의해 길들인 행동이거나 내 안에 잠재된 의식의 결과물일 수 있습니다.

'성향'이라는 단어는 성질이나 기질 등을 포괄적으로 담고 있습니다. 성향은 표면적으로 드러나거나 직접적으로 관찰될 수 있는 특징이 아닙니다. 어떤 행동이나 결과가 나왔을 때 관찰 가능한 자료에 근거해 잠재적으로 파악해 볼 수 있을 뿐이죠. 이처럼 잠재적인 형태로 존재하는 성질을 성향이라고 합니다. 평소에 보이지 않았던 우리의 특정 모습이 어떤 사태가 발생했을 때 발휘된다면 그런 성향을 가지고 있다고 볼 수 있겠죠.

이러한 '성향'은 '하고 싶은 마음이 쏠리는 방향'이라는 뜻을 가진 '취향'과 구분지어 생각할 수 있습니다. 취향이란 표면적으로 드러나는 개인의 취미나 미적 기준을 따르고 있기 때문에 잠재적인 성격을 지닌 성향과는 다른 의미를 띱니다.

엄마의 잔소리에 의해 길들인 나의 행동이 아닌, 내 안에서 나도 모르게 드러나려는 모습이 있다면 그 부분을 캐치하여 탐구해 볼 필

요가 있습니다. 그 모습을 발전시켜 좀 더 나다운 모습으로 승화해 나갈 수 있겠죠.

이런 자신의 성향을 빨리 발견하여 자기계발의 에너지로 활용하는 사람이 있는가 하면, 보유한 기질을 자기 인생의 보험쯤으로 여기며 사는 사람이 있습니다. 우리가 돈을 주고 연필을 구입하는 이유는 연필을 이용해 글을 쓸 수 있다는 것을 알고 있기 때문입니다. 주유소에 들러 차량에 기름을 넣는 이유도 그 기름이 자동차를 굴러가게 한다는 것을 알고 있기 때문이죠. 우리가 우리의 성향을 제대로 탐구하고 발전시키기 두려운 이유는 연필이나 휘발유와 달리 그 효용을 확실하게 예측하지 못하고 있기 때문입니다. 즉 같은 돈을 들여 영화티켓을 사는 것에는 두려움이 없지만 복권을 구입하는 경우는 어찌될지 모른다는 두려움이 있을 수 있죠.

경제학에서는 이렇게 불확실한 경우의 선택에 대한 연구를 했고, 기대효용이론으로 정리하였습니다. 불확실한 선택인 이 이론은 세 가지 유형으로 나누어 볼 수 있습니다. 첫 번째는 불확실한 선택을 회피하는 위험 회피자의 유형입니다. 두 번째는 이런 선택에 대해 중립적인 태도를 보이는 성향의 사람입니다. 위험 중립자 유형으로 분류할 수 있죠. 세 번째는 위험에 대해 별 신경을 쓰지 않는 위험 애호가입니다. 체질적으로 이런 위험 애호가는 도박이나 복권에 대한 투자를 대수롭지 않게 생각해 위험성 높은 행동을 보이기도 하죠.

여러분의 성향은 겉으로 드러나지 않는 경우가 많기 때문에 잠재되어 있을 수 있습니다. 가능하면 빨리 그 성향을 탐구하여 삶의 에너지원으로 활용하는 것이 좋습니다. 집에 화재가 발생할 경우를 대비해 화재보험에 가입하지만 일반적으로 집에 불이 날 가능성보다 불이 나지 않을 가능성이 더 높죠. 위험 회피자는 불이 날 수도 있다는 가능성을 염두에 두고 화재보험에 가입합니다. 우리는 지금 나 자신의 성향은 무시한 채 남들이 흘러가는 대로 흘러가고 있지는 않나요? 그러다 특정상황이 발생하면 여러분의 기질이 드러날 것이고, 그 모습을 본 주변 사람들은 "너 이런 것도 할 수 있었어? 대단하다!"라는 말을 할 것입니다. 그때부터 성향을 탐구하고 발전시켜도 물론 늦지는 않겠지만, 더 일찍 자신에 대해 알고 계발한다면 더 앞선 출발이 가능하겠죠.

여러분이 경제학에 등장하는 어려운 용어를 모두 암기할 필요는 없습니다. 하지만 인간의 행동을 관찰한 뒤 그것을 정리해놓은 경제학에 대해 간단하게나마 이해하려는 의지가 있다면 더 효율적인 삶을 살 수 있겠죠. 또한 의미를 부여하여 모든 것에 가치를 만들어내는 디자인에 대한 의지가 있다면, 한층 더 높은 삶을 살 수 있을 것입니다.

내 안의
모순된 나

18세기 프랑스의 유명한 사상가인 장자크 루소는《에밀》이라는 저서를 통해 근대교육의 문을 열었습니다. 하지만 루소 역시 자신의 자녀를 모두 보육원에 보낸 아버지라는 점을 간과할 수는 없죠. 미국 3대 대통령인 토머스 제퍼슨은 '모든 사람은 평등하게 태어났다'는 독립선언문을 남긴 것으로 유명합니다. 하지만 그는 80명의 노예를 거느렸다고 합니다. 노동자들의 해방을 위해《자본론》을 쓴 카를 마르크스의 집에는 평생 동안 월급을 제대로 받지 못하고 노동력을 착취당한 가정부가 있었다고 전해지고 있습니다. 이처럼 유명 지식인과 사상가들의 위선된 모습만 봐도 인간이 얼마나 모순 덩어리인지 짐작하게 만듭니다.

우리 안에는 이처럼 말과 행동이 다른 모순이 많은 부분 잠재되어 있습니다. '양심을 꼭 지켜야 해'라며 사람들 앞에서 소리치지만, 정작 아무도 보는 사람이 없을 땐 굳이 양심을 지키지 않는 경우가 있죠.

2020년 7월 10일, 향년 100세를 일기로 별세한 백선엽 장군은 '나라를 지켜낸 전쟁 영웅'이라는 칭송과 함께 '독립군 토벌에 앞장서 온 친일파'라는 두 가지 꼬리표가 함께 붙어 있습니다. 그는 일제 강점기에 만주군 소위로 임관한 뒤 친일 특수부대인 '간도 특설대'에서 근무했습니다. 반면 6·25전쟁 때는 사단장을 지냈고 대한민국 육군참모총장 자리까지 올랐으며 1953년 한국군 최초로 대장에 진급한 이력이 있습니다. 하지만 과거 친일파였다는 모순된 기록을 지울 수는 없죠.

이처럼 인간의 모순된 부분은 많은 면에서 효율을 떨어뜨립니다. 요즘과 같은 정보화 시대에는 더더욱 나의 모순된 말과 행동이 많은 사람에게 드러나기가 쉽죠. 예를 들어 여러분 중 누군가가 유명한 아이돌 스타가 되어 환경오염을 막는 Green 홍보대사가 되었다고 칩시다. 하지만 유명세를 타기 전, 아무 생각 없이 SNS에 올려두

었던 바닥에 쓰레기를 버리는 사진이 인터넷에 떠돌기 시작합니다. 그럼 사회적으로 논란이 될 것이고, 모순된 모습을 보인 것 때문에 홍보대사는 물론이며 방송활동까지도 중단해야 하는 상황이 생길 수 있죠. 내 안의 모순을 바로잡지 못한다면 누구에게나 충분히 일어날 수 있는 일입니다.

내 안의 모순은 말과 행동을 일치하려는 노력으로 바로잡을 수 있습니다. 내가 행동 가능한 것을 말하고, 말한 것은 반드시 행동으로 실현하는 연습을 해보세요. 이를 통해 더욱 추진력 있게 살 수 있습니다. 만약 내가 홍보대사가 된다고 해도 쓰레기를 아무 곳에나 버리는 나쁜 습관을 고칠 수 없을 것 같다는 생각이 들면, 홍보대사를 하지 않는 것이 올바른 방법입니다. '홍보대사 기간 동안 내 행동을 변화시켜야지'라는 생각을 갖고 홍보대사가 되었다고 해도, 그 기간이 끝난 후에 다시 예전 모습으로 되돌아간다면 매우 안타까운 삶이 되겠죠.

어떤 특별한 계기를 맞아 내 삶이 변화될 수 있습니다. 그러나 그 '계기'는 인생의 모든 순간에 흔하게 잘 찾아오지 않으며, 어쩌면 평생 맞지 못할 수도 있습니다. 그런 기회를 기대하기보다 천천히 나 자신을 가꿔 나가시길 바랍니다. 그럼 내게 찾아오지 않은 기회를 원망하며 사는 불행한 삶을 피할 수 있겠죠. 더 경제성 있고 가치 있는 삶이 가능해집니다.

진짜 나를
발견하라

여러분은 여러분 자신을 어떻게 생각하고 있나요? '나는 아무것도 할 수 없다'라며 자책에 빠진 친구가 있는가 하면, '나도 잘하는 것 하나쯤은 있겠지'라며 자신에 대한 희망을 드러내는 친구도 있을 겁니다. 결론부터 말하자면 10대의 청소년기를 보내는 여러분의 시기는 무언가를 시작하기에 아주 좋은 시기라는 것입니다.

300년 전의 미국은 문명의 중심지에서 멀리 떨어진 변방이었으며, 당시 지식인들이 그다지 신경을 쓰지 않던 소외된 땅에 불과했습니다. 땅에 천연자원은 풍부하게 있었지만, 문명과 동떨어진 지역이라 접근하기가 어려웠습니다. 그때 저평가 되었던 땅이었지만 미국이라는 나라가 탄생한 후 눈부신 발전을 거듭하게 됩니다.

미국 3대 대통령인 토머스 제퍼슨이 1803년 프랑스에서 루이지애나를 사들여 국토를 두 배로 늘린 덕분에 미국 국토에는 미시시피 강과 뉴올리언스 항구가 추가됩니다. 1821년에는 스페인에서 플로리다를 사들였고, 1845년에는 텍사스를 사들여 미국의 영토로 만듭니다. 1850년에는 접경국인 멕시코를 전쟁에서 이겨서 캘리포니아마저도 추가하게 됩니다. 1867년에는 버려진 얼음 땅이라 불리던 알래스카를 러시아에서 헐값에 사들여 지하에 매장된 엄청난 양의 천연자원 혜택까지도 누리게 되었죠.

만약 여러분이 스스로를 쓸모없는 존재라고 여긴다면 300년 전의 미국처럼 아무도 관심을 갖지 않는 척박한 땅으로 계속 지내게 될 겁니다. 쓸모없는 얼음 땅으로만 여겨지던 알래스카를 단돈 720만 달러에 사들여 그 안에 잠재되어 있는 수많은 지하자원을 누릴 수 있게 된 미국처럼 여러분 자신도 스스로의 가능성을 그렇게 발견해 보시기 바랍니다. 지금 자신의 모습은 겉으로 보기엔 아무것도 잘하는 게 없어 보일 수 있습니다. 하지만 여러분 안에 매장된 자원을 발견하는 순간, 여러분의 가치는 180도 달라지게 되죠.

이처럼 스스로의 가치를 높이는 노력을 해보세요. 나에 대해 섣부른 '결론'을 내리지 말고, 나에 대한 '가능성'을 확인하며 여러분의 소중한 시기를 잘 보내시기 바랍니다.

나는 뭘 원하는 사람일까?

본질 탐색

내 필요와
욕망

우리는 어려서부터 부모님을 졸라 다양한 장난감을 손에 쥐는 경험을 하며 자라왔습니다. 장난감이든 옷이든 신발이든 우리가 구매한 물건에 대해 한번 생각해 봅시다. 모두 꼭 필요해서 샀던 것으로 기억하고 싶지만 사실 '반드시' 필요했던 물건은 아니었죠. 단지 갖고 싶은 욕망의 상품이었을 뿐입니다.

기업은 소비자에게 물건을 팔기 위해 제품을 만듭니다. 그리고 더욱 자연스럽게 물건을 팔기 위해 인간의 욕망을 자극하죠. 자극받은 소비자는 충동적으로 물건을 구매하기도 합니다. 우리에게 익숙하면서 큰 영향력을 행사하고 있는 브랜드 제품인 경우에는 이런 현상이 많이 발생합니다.

SNS에서 큰 영향력을 행사하며 활동하는 인플루언서는 많은 사람들의 부러움을 받으며 특별하게 생활하는 존재로 인식됩니다. 마치 인생에서 대박을 칠 수 있을 것처럼 포장된 '인플루언서 생활'은 많은 이에게 선망의 대상이 된 지 오래죠. 길을 걸으며 찍어 올린 브이로그가 갑자기 대박을 치게 되거나 먹는 모습을 찍은 영상의 조회수가 급격히 높아지면서 떼돈을 벌게 되는 모습은 어느덧 부러우면서도 이상적인 삶의 단면인 것처럼 우리에게 비춰집니다.

우리는 우리의 필요와 욕망 사이에서 어떤 선택을 할지 진지하게 생각을 해볼 필요가 있습니다. 밀레니얼·Z세대는 최대한 저렴한 SPA브랜드의 티셔츠를 찾아 입으면서도 신발은 100만 원에 달하는 명품을 선호하는 모습을 보인다고 합니다. 코로나19 사태 이후 전세계 명품 업체들이 매출 감소를 우려했지만 한국 명품 시장은 유례없이 호황을 맞이했죠. 이같이 명품을 구매하는 이유가 정말 나에게 꼭 필요해서였을까요? 아니면 단지 욕망 때문이었을까요?

명품을 구매해서 착용하면 일시적으로 내가 명품이 된 것 같습니다. 하지만 명품을 착용했다는 이유만으로 '나'라는 사람이 명품이 되지는 않죠. 단지 겉모습만 명품을 걸쳤을 뿐입니다. 이처럼 겉모습을 좋게 하는 작업을 '디자인'이라 생각합니다. 마치 데코레이션을 하듯 말이죠.

하지만 디자인의 목적은 겉모습보다 본질에 있습니다. 본질이 어떠한가에 따라서 겉모습이 다르게 드러나는 것이죠. 본질이 악한 사람이라면 천사의 옷을 입고 있을지라도 시간이 지나 결국 악한 모습이 드러내게 됩니다. 천사의 옷은 단지 코스프레를 하기 위한 소품에 불과하다는 사실을 알게 됩니다. 우리가 우리 내면의 본질적인 부분을 디자인하려는 노력 없이 겉모습만 디자인하려 한다면 이와 다를 것이 없습니다. 가장 중요한 것은 내 본질이 어느 방향을 향하고 있느냐입니다.

이런 부분에 대한 진지한 고민 없이 단지 화려해 보인다는 이유만으로 유튜브 크리에이터나 인플루언서가 되는 꿈과 목표를 설정한다면, 화려한 모습으로 코스프레를 하는 사람이 될 수 있습니다. 가장 중요한 점은 '내가 진짜 원하는 삶'이 어떠한 삶인지 깨닫는 과정입니다. 내가 무엇에 더 끌리고 뭘 했을 때 가장 행복한지에 대한 고찰이 먼저 이루어진다면 좀 더 빨리 찾아낼 수 있겠죠. 남들과 똑같은 모습을 마치 대세처럼 여기지 마시기 바랍니다. 진짜 나의 모습을 남들에게서 찾으려 하지 마세요.

명품 구매와
소비생활

'명품'이라는 용어 자체가 우리나라에 등장하게 된 건 1990년 서울 강남구 압구정동 '갤러리아 백화점 명품관'이 오픈하면서부터였습니다. 그 전에는 명품이라는 말 자체가 존재하지 않았죠. 글로벌 럭셔리 브랜드가 한국에 들어오게 된 게 1988년 서울올림픽을 개최하던 때이므로 불과 30여 년 전밖에 되지 않습니다. 명품에 대한 인식이 낮았던 그때 당시 우리 국민들에게 럭셔리 제품은 단지 '사치품'일 뿐이라는 인식이 강했습니다.

하지만 눈부신 경제성장을 통해 선진국의 반열에 오른 대한민국에서 명품은 곧 사회적 성공을 상징하게 되었습니다. 이내 명품은 많은 이의 욕망 속에 자리 잡게 되죠. 밀레니얼·Z세대의 높은 명품 선호도는 명품에 대한 높은 가치평가에 따른 것이라 할 수 있습니다. 이 세대는 명품을 사용하다가 되팔아서도 이익을 남길 수 있다고 생각하고 있죠. 그만큼 귀하게 구매하고 귀하게 사용하다가 그 상품을 귀하게 여기는 다른 사람에게 판매하는 것입니다.

명품은 그것을 대하는 인식이 남다르기 때문에 할인 마트에서 판매하는 일반 상품과 다른 가치가 매겨집니다. 모든 상품은 인식에 의해 그 가치가 결정됩니다. 1980년대의 우리나라 모습처럼 명품에 대한 인식이 지금도 없었다면 높은 가격에 명품을 소비하는 일은 일어나지 않았겠죠. 명품을 이해할 수 있고 명품으로 인식하고 있기에 그 값을 지불하는 것입니다.

이런 명품에 대한 인식을 우리의 모습에도 한번 대입해 봅시다. 우리는 지금 다른 사람들에게 어떻게 인식되고 있는지 말이죠. 만약 좋지 않은 이미지로 인식되면, 그 인식을 바꾸는 노력을 해보시기 바랍니다.

제품에 대한 인식은 제품의 퀄리티에 의해 쉽게 좌우되지 않습니다. 전 세계 사람들은 독일의 벤츠 자동차가 튼튼한 외장재를 사용했기 때문에 명차라고 인식하지 않습니다. 심지어 미국의 포드 자동차가 벤츠보다 더 튼튼한 외장재를 사용했다고 해도 벤츠 자동차에게 더 많은 관심을 갖죠.

유명한 명품 브랜드의 손수건을 비싼 값을 주고 구매했다고 칩시다. 그렇게 비싸게 주고 산 이유는 그 상품이 다른 일반 상품과 비교해 잘 찢어지지 않는 튼튼한 내구성을 가지고 있기 때문이 아닙니다. 그 브랜드의 상품이 명품이라는 가치를 전달하고 있기 때문이죠. 남대문시장의 저렴한 손수건이 오히려 더 오래 쓸 수 있는 튼튼한 내구성을 가지고 있을 수도 있습니다. 하지만 손수건 재질의 퀄리티가 더 높다는 이유만으로 남대문시장의 손수건을 명품과 비교하지는 않습니다.

결국 나 자신이 명품처럼 높은 인식을 드러낼 수 있다면, 나를 소비하려는 사람들이 함부로 대하지 않을 것입니다. 나를 향한 인식의 격상을 통해 나의 가치를 완성할 수 있는 것이죠. 공부를 잘한다고, 힘이 세다고 해서 나를 명품이라고 칭할 수 없습니다. 그것은 마치 내구성이 질긴 남대문시장 손수건이 스스로를 명품 브랜드보다 더 낫다고 여기는 것과 다를 바 없습니다.

인식을 디자인하시기 바랍니다. 그 인식을 통해 여러분은 명품이 될 수도, 할인 마트의 특가상품이 될 수도 있습니다. 인식을 가꿔가는 노력을 할 수 있다면 유튜브 크리에이터나 인플루언서가 되는 길도 어렵지는 않겠죠. 하지만 굳이 그런 길을 걷지 않더라도 여러분의 인식을 통해 미팅이나 면접에서 좋은 성과를 거둘 수 있습니다. 사람들은 원래 뭔가를 잘하는 사람을 좋아하기보다 자기가 좋아하고 싶은 사람을 좋아하려고 합니다. 그 모든 출발점이 우수한 성능에 있는 것이 아니라 인식에 있다는 걸 기억하시기 바랍니다.

흡연의
비경제성

청소년 시절에 흡연을 시작하는 사람들이 있습니다. 하지만 청소년기의 흡연은 엄연히 금지된 행위이므로 흡연을 하려면 아무도 보지 못하는 곳을 찾아다녀야만 하죠. 학생은 교복을 입고 길거리를 활보하며 흡연을 할 수 없는데, 이는 성인이 되어서도 마찬가지입니다. 정해진 흡연구역에서만 할 수 있죠.

흡연은 삶에 매우 경제적이지 않습니다. 비흡연자는 담배 없이도 살 수 있지만, 흡연자는 담배가 없으면 살지 못하죠. 흡연자와 비흡연자가 동시에 무인도에 떨어지게 되었다고 가정합시다. 비흡연자는 살아갈 방법을 궁리하는 반면, 흡연자는 담배를 갈망하며 시간이 지날수록 불안에 떨게 되겠죠. 결국 담배가 있어야만 정상적인 생활이 가능한 흡연자보다 담배의 유무와 상관없이 정상적인 생활이 가능한 비흡연자가 더 나은 삶을 살 수 있게 됩니다.

게임에 중독된 사람은 게임을 하지 않으면 불안해서 견딜 수 없는 지경에 이릅니다. 반면 게임에 중독되지 않은 사람은 게임을 할 그 시간에 다른 일을 할 수 있습니다. 결국 중독자는 게임을 하는 시간만큼 남들보다 뒤처지게 되는 것이죠. 이처럼 중독성에 기반한 행동은 우리 생활의 많은 부분을 결박해버립니다.

청소년기에 흡연을 하게 되거나 게임에 빠지게 되면 자신의 본질을 왜곡하여 생각할 수 있습니다. '나는 담배를 피우는 사람' 또는 '나는 게임 없이는 살 수 없는 사람'처럼 말이죠. 하지만 여러분의 본질은 담배와도 게임과도 전혀 관련이 없습니다. 그것들은 잠시 여러분 인생에 찾아왔던 것일 뿐인데 특유의 중독성 때문에 여러분의 곁을 떠나지 못하고 있는 것이죠.

직장인들은 52층 사무실에서 일을 하다가도 담배를 피우기 위해 1층까지 내려와서 밖으로 나가 지정된 장소에서 흡연을 한 뒤 다시 엘리베이터를 타고 사무실로 올라갑니다. 몸에 담배 냄새가 나는 것

에 대한 사회적 거부감 때문에 전자담배로 바꿔보지만 흡연을 하고 있기는 마찬가지입니다. 비흡연자들에 비해 자유롭지 못한 삶을 살기는 마찬가지이죠.

또한 흡연으로 인해 병에 걸릴 수 있는 확률이 높아집니다. 하지만 병에 걸렸다는 이유만으로 쉽게 끊을 수 있는 담배였다면 병에 걸리기 전에 끊고 자유롭게 사는 게 더 경제적입니다. 흡연자들이 설 땅은 점점 좁아지고 있고, 지금은 1980~90년대처럼 길거리를 활보하며 멋지게 담배를 피울 수 있는 시대도 아닙니다. 담배 가격은 계속 오르고 있죠.

청소년기의 흡연은 다른 삶을 사는 것처럼 보여 남보다 앞서 나가는 것처럼 보일 수 있습니다. 하지만 담배를 끊지 못하면 비흡연자들보다 불편한 환경 속에서 살아야 합니다. 여러분의 삶을 불편한 구조로 디자인하지 마시기 바랍니다.

4

선택하기

공부 말고 하고 싶은 게 있냐고요?

취미

진짜 나의
취미를 찾자

심리학에는 동조(Conformity) 현상이라는 게 있습니다. 개인의 의견이나 행동을 드러내지 않고 사회적 규범 내지는 다수의 의견에 슬며시 묻어가는 것이지요. 이는 암묵적으로 집단의 규모에 대해 압력을 느껴 집단의 가치나 규범에 대해 옳다고 믿는 모습들을 포함합니다. 누가 보더라도 답이 명확한데 자신을 제외한 모두가 틀린 답을 말한다면 그 틀린 답이 옳다고 받아들이게 되는 현상을 말합니다.

10대 청소년기는 함께 어울려 지내는 친구에게 많은 영향을 받게됩니다. 친구들이 모여 집단을 형성하게 되면 특정한 의견에 대해 다수가 동의하는 경우가 있는데, 그럴 때 그 의견이 옳지 못하다는 생각이 들어도 슬며시 묻어가는 경우가 있습니다. 동조현상이 일어나게 되는 것이죠. 내 생각을 내 머릿속에서 나 스스로 짓밟는 순간 '나'의 정체성에 대한 존중보다는 내가 속한 집단의 존립을 위해 살아가게 될 수 있습니다. 때로는 위험한 선택일 수 있죠.

'전문적으로 하는 것이 아니라 즐기기 위하여 하는 일'을 뜻하는 '취미' 역시도 집단의 성격에 따라 많은 부분이 좌우될 수 있습니다. 인간은 기본적으로 남의 떡이 더 커 보이고, 남이 하는 일이 더 멋지다고 생각합니다. 상대적으로 내 모습을 남들보다 더 초라하게 여기기도 하죠.

필자는 오랫동안 음악을 취미로 삼으며 지내왔는데, 이런 취미를 갖게 된 데에는 재미있는 배경이 있습니다. 중학교 3학년 시절, 우연히 다른 반 아이가 쉬는 시간에 기타 치는 걸 보게 되었습니다. 그 모습을 멋지게 제 본 친구가 기타학원에 함께 등록하자고 했고, 저는 함께 배우게 되었죠. 하지만 손가락의 상처를 이겨내며 기타를 배우기 힘들어하던 친구는 일주일 만에 학원을 그만두게 되었고, 저는 계속 배우며 코드에 대한 감각을 익혔습니다.

고등학교에 진학해서 기타 동아리 활동을 하게 됐고, 대학 때는 밴드 활동을 이어가게 되었습니다. 친구 덕분에 음악이라는 취미를 자연스럽게 얻을 수 있었죠. 반면 그 친구는 아직까지 기타 코드 하나도 제대로 짚지 못하는 상태로 아주 잘 지내고 있습니다.

친구와 저는 동시에 기타를 배우기 시작했습니다. 하지만 친구는 음악이 자신에게 맞지 않다고 여겨 그만뒀고, 저는 음악을 곧잘 받아들이며 제 취미로 삼았죠. 이렇듯 취미는 내게 잘 맞는 것으로 삼아야 합니다. 만약 어울리는 집단의 친구들이 하나같이 기타를 배우더라도, 이에 동조해서 억지로 기타를 배울 필요는 없습니다. 내 몸이 기타 연주가 아닌 춤추는 것을 더 원한다면, 댄스학원에 등록하는 게 내겐 더 행복한 일이 되겠죠. 1주일 만에 기타 배우기를 포기한 제 친구는 경제성 있는 선택을 한 것입니다. 기타를 계속 배운 저 역시도 제 삶에 맞는 선택을 했던 것이고요.

하지만 저는 음악이라는 취미를 계속 취미로만 이어가기로 결정했습니다. 음악을 직업으로 삼았을 때 내 인생이 앞으로 계속 행복할 것인가에 대한 고민을 많이 했지만, 그렇지 않을 것이라는 결론이 나왔기 때문이죠. 음악을 직업으로 대하기보다 취미활동으로 대했을 때 더 행복하다는 게 현실적인 결론이었습니다. 덕분에 아직까지도 취미활동을 계속 이어갈 수 있는 것이죠.

청소년기에 갖게 되는 다양한 취미는 내 직업과 연결 될 수도 있고 '나'라는 사람의 정체성에 영향을 끼칠 수도 있습니다. 지금 갖고 있는 취미를 앞세워 "나는 반드시 이걸로 먹고사는 사람이 될 거야."라는 다짐을 할 수도 있지만, 그 생각은 몇 달 지나지 않아 또 바뀔 수 있죠. 그래도 내가 취미로 삼고 활동한 경험의 시간은 훗날 무엇과도 바꿀 수 없는 귀한 자산이 됩니다.

공부가 취미인 사람은 찾아보기 힘들겠지만, 만약 그런 사람이 존재한다면 빠르게 엘리트가 되어 갈 것입니다. 취미생활은 부담 없이 지속할 수 있으니까요. 친구들이 모두 기타를 배우고 있다고 해서 춤을 간절히 원하는 내 몸에 억지로 기타를 배우게 하지는 않기 바랍니다. 자신이 활동했을 때 가장 행복감을 느낄 수 있는 것으로 취미를 삼으며 그것을 직업으로 삼는 것이 좋을지에 대해서도 깊게 고민할 수 있었으면 합니다.

135

기회의
발견

취미활동을 선택하고 발전해 나가려면 내가 나의 취미를 어떻게 여기고 있는지가 중요합니다. 오랫동안 영국령이었던 홍콩은 1997년 중국에 반환되었습니다. 중국에 반환되기 전 1992년에 미국은 '홍콩정책법'을 만들어 중국과는 다른 특별한 지위를 홍콩에 부여했죠. 홍콩은 국제 금융의 허브로 비약적인 발전을 거듭하고 있었습니다.

그 후 첨단 자본주의 시스템에서 사회주의 시스템으로 그 관리 체계가 변경된 홍콩은 중국과 미국의 대치 상황에서 많은 피해를 입게 됩니다. 미국 트럼프 대통령은 홍콩에 대한 특별대우를 끝내겠다는 행정명령에 서명했고, 이 때문에 많은 돈과 인재가 줄줄이 홍콩을 빠져나가는 현상이 일어났습니다.

우리나라의 행정복합도시인 세종특별시는 2010년 이전까지만 해도 충청남도 연기군, 충청북도 청원군 등 작은 지역이 서로 붙어 있는 일종의 구역일 뿐이었습니다. 하지만 그 지역들을 합쳐 도시를 만들었고 2012년 7월 세종특별시가 탄생했습니다.

충정도에 속한 일부의 땅이 도시가 되었고, 우리나라의 행정복합

도시가 되었습니다. 땅이 움직이거나 땅이 노력해서 이루어진 일이 아닙니다. 그 땅을 대하는 시각과 인식이 달라졌기 때문입니다. '행정수도논의'라는 기회를 만나 작은 도시 속 광활한 땅이 새로운 가치로 거듭나게 됩니다. 땅은 가만히 있었는데 말이죠.

1970년, 서울 강남

홍콩 역시도 땅은 가만히 있었습니다. 그 땅에서 일을 하는 사람들도 별반 다를 바 없이 평소처럼 일하고 있었죠. 하지만 그 땅을 대하는 인식이 달라지자 우수한 인재들이 그 땅을 떠나는 현상이 생겨납니다. 이러한 현상들로 인해 땅의 가치는 달라지게 되겠죠.

우리의 취미나 하려는 일 역시 마찬가지입니다. 내가 취미로 삼고 있던 일이 홍콩처럼 처음에는 좋은 인식을 유지했다가도 뜻밖의 복병을 만나 그 가치가 떨어지게 될 수 있습니다. 반면 비록 척박한 땅이었지만 뜻밖의 기회를 만나 세종특별시처럼 놀라운 발전을 하게 될 수도 있죠. 가장 중요한 점은 내가 나의 취미를 어떤 시각으로 바라보고 있느냐입니다.

홍콩도 세종특별시도 땅은 원래 그 자리에 그대로 있었습니다. 다만 바라보는 시각이 달라진 것이지요. 여러분이 하고자 하는 공부가, 여러분의 취미가 남들이 추구하는 방향과 다르다고 해서 억지로 변경하려 하지 마세요. 그건 마치 홍콩이 자기 스스로 땅을 옮기려 시도하는 것처럼 위험한 모습이 될 수 있습니다. 충청도에 있던 작은 지역들이 좋은 가치를 누리지 못한다고 해서 그 땅들이 스스로의 가치를 포기하거나 변경하려 애를 썼다면 세종특별시는 아마 다른 지역에 세워졌을 수도 있겠죠.

비록 지금 초라하고 볼품이 없어 보인다고 해서 진짜로 내가 하고 싶은 일을 포기하거나 중단하지는 않기 바랍니다. 적절한 때에 좋은 기회를 만나면 빛을 발할 수 있고, 시기가 늦어지더라도 포기하지만 않는다면 역주행을 할 수도 있죠. 여러분 모두 소중한 존재이듯이 여러분이 하고 싶어 하는 일들도 저마다 소중한 가치를 가지고 있습니다. 노력하면서 기회를 기다리시기를 바랍니다.

정말 내가 하고 싶은 공부만 해도 된다구요?

공부

학교공부만
공부인가요?

학교공부에 지쳐서 미래의 꿈마저도 잃어가는 청소년이 많이 있죠. 학교에서 하는 공부는 대개 순위와 등급을 위주로 진행되고 있기 때문에 자신이 원하는 목표치에 도달하는 친구들만 학교공부에 흥미를 느낍니다. "학교공부만 공부인가요?"라는 질문에 대한 답부터 말하자면 학교공부만이 반드시 공부의 모든 것이라고 할 수는 없습니다.

한 가지 예를 들어 보겠습니다. 학교공부가 적성에 맞지 않는 한 친구가 있습니다. 비록 학교공부에 잘 집중을 하지는 못했지만 잠자리, 풍뎅이 등 곤충에 대해서는 누구보다 큰 관심과 해박한 지식을 갖고 있습니다. 그렇다면 학교공부보다 자신이 더 잘할 수 있고 했을 때 행복을 느낄 수 있는 곤충에 대한 공부를 더 집중적으로 하는 것이 인생에서 성공할 확률이 훨씬 높아집니다.

곤충에 대해 공부하며 새롭게 알아낸 지식을 블로그에 공유하고, 일반 사람들이 잘 알지 못하는 신기한 곤충의 모습들을 정리해 인스타그램과 같은 SNS에 올리는 활동을 꾸준히 한다면 어느덧 '곤충박사'라는 타이틀이 주어질 겁니다.

이와 같은 경우엔 유튜브 크리에이터로 활약하며 성공할 수 있는 길도 더 빨리 열릴 수 있습니다. 사람들이 그동안 알지 못했던 곤충에 대한 새로운 면을 보기 위해 '곤충박사' 유튜브 채널에 방문하게

될 것이기 때문이죠. 누군가에게 곤충에 대해 궁금해한다는 소리를 듣게 되면 곧바로 '곤충박사'가 떠오르게 될 것입니다. 대학원에서 박사학위를 받기도 전에 이미 사람들에게 '박사'라는 인식을 얻을 수 있게 되는 것이지요.

어른들에게 이렇게 곤충박사가 되고 싶다는 이야기를 하면, 먼저 학교공부를 열심히 한 뒤에 좋은 대학에 가고 나서 곤충박사가 되라는 답변을 듣게 됩니다. 이 말대로 열심히 공부를 해서 '서울대를 나온 곤충박사'가 된다면 더 많은 사람들에게 주목을 받을 수도 있습니다. 나를 드러내기 위한 마케팅 비용이 줄어드는 셈이죠.

하지만 웬만큼 공부를 해서는 서울대에 들어갈 수 없기에 공부에만 열중하다가 곤충을 포기해 버릴 수도 있습니다. 아니면 대학에 들어가서 치러야 하는 수많은 과제와 시험 때문에 곤충을 멀리할 수도 있죠. 결국 청소년기에 가졌던 '곤충박사'에 대한 소중한 꿈은 "나중에 해라"는 어른들의 말 때문에 영영 빛을 보지 못하게 될 수도 있습니다.

때로는 부모님께 말을 할 용기가 나지 않아서 속으로만 품다가 포기하기도 합니다. 용기 내어 말해 보지만 역시나 "대학 가서 해라"는 말이 되돌아와 좌절하게 될 수도 있죠. 어른들과 커뮤니케이션이 잘 되지 않는 결정적인 이유는 내가 전하고자 하는 내용을 뚜렷하게 잘 전달하지 않았기 때문일 수 있습니다.

어떤 친구가 지나가는 소리로 부모님에게 "엄마, 나 곤충박사가 될거야"라고 한다면 제가 그 부모여도 학교공부나 열심히 하라고 할 것 같습니다. 하지만 이 아이가 자신이 얼마만큼 곤충에 대해 관심을 가지고 있는지, 곤충에 대해 집중적으로 연구하며 SNS에 인플루언서 활동을 했을 때 어떤 결과를 얻을 수 있는지에 대한 분석을 치밀하게 정리하여 부모님 앞에 자료를 내민다면, 아마 그 자녀의 뜻을 지지하지 않을 부모는 별로 없을 것입니다.

만약 이런 식으로 누군가에게 보여줄 수 있도록 치밀한 자료조사와 계획에 대한 정리를 못 하겠다면 나만 볼 수 있는 간단한 목표와 계획을 만들고, 그 목표를 달성하고 난 뒤에 성공한 여러분의 모습을 부모님께 보여주세요. 여러분을 향한 인식과 대우가 달라질 겁니다.

연예인을 꿈꾸는 청소년이 주변에 많죠? 만약 "엄마 나 연예인 될거야"라고 한다면 방에 들어가서 공부나 하라며 귀담아 듣지도 않으시겠죠. 하지만 여러분이 진짜 연예인이 되어 부모님 앞에 나타난다면, 그 후부터 부모님은 여러분의 연예인 활동을 가장 적극적으로 지원하는 조력자로 변신할 것입니다. 불확실한 계획을 미온적 태도로 제시하기보다 확실한 결과를 눈앞에 보여주는 게 더 설득력 있죠.

내가 할 공부에 대한
선택과 집중

    기업을 경영하다 보면 새로운 사업을 시작하게 되거나 수익성이 없는 사업을 포기하는 경우가 생기기도 합니다. 한 가지 예를 들자면, 우리나라의 대표적 기업인 삼성은 전자, 보험, 의류 등 다양한 분야에서 사업을 하고 있지만, 유독 화학 분야에서는 성과를 기대하기 힘들다는 결론을 내린 뒤 화학 관련 사업을 포기했습니다.

    이처럼 내가 손대고 있는 분야 중에서도 유독 성과가 나오지 않는 분야가 있습니다. 예전에는 "안 되면 되게 하라"는 말이 유행했지만, 요즘은 굳이 안 되는 걸 붙잡고 있기보다 오히려 되는 일에 집중하

는 게 더 높은 성과로 평가받습니다. 그만큼 하는 일이 다양해지고, 여러 가능성이 곳곳에 존재하고 있기 때문입니다.

학교공부 외에 내가 최고가 되고 싶은 분야가 있다면, 청소년기 부터 집중해 나가기를 바랍니다. 집중이 잘 안 되고, 했을 때 성과가 더딘 부분이 있다면 삼성이 화학 관련 사업을 중단한 것처럼 과감히 중단하는 것이 어찌 보면 더 현명한 길일 수 있습니다. 오히려 내가 조금만 손을 대도 큰 성과가 나는 분야에 집중적으로 시간을 투자 해서 '나'라는 이미지를 대표할 수 있는 분야로 육성시키는 편이 더 낫겠죠. 물론 다른 것에 집중한다고 해서 학교공부를 소홀히 하거나 아예 놔버리는 일이 있어선 안 되겠지만요.

차별화 전략과
목표설정

많은 제품이 시장에 출시되고 있지만 소비자들의 머릿속에 각인 되기도 전에 없어집니다. 때문에 경영자들은 인지도가 '0'인 상태의 상품을 소비자들에게 어떻게 홍보해야 할지를 연구하는데요. 좀 더 이해하기 쉬우면서 감성적으로 와 닿는 상품 구성과 마케팅을 위해 노력합니다.

때문에 차별화 전략을 사용하며 동종업계의 유사품들보다 더 나은 점을 어필합니다. 이런 모습 중 효과가 입증된 전략이 '대척점 카테고리 전략(Oppositional category positioning)'입니다. 이는 기존 상품과 대비되면서도 차별성과 우월성을 강조하는 전략이라고 할 수 있죠. 대량으로 생산하여 대량으로 공급되는 시스템에 비해 수제 비누 또는 수제 맥주 등은 처음 시장에 소개될 때 기존 상품의 대척점에서 차별성과 진정성을 부각하며 새로운 상품 카테고리로 자리 잡고 성장할 수 있었습니다.

여러분의 목표를 뚜렷하게 정하되 기존의 흐름을 초월하는 새로운 차별화 전략에 기반하여 세워보는 것은 어떨까요? 앞서 언급했던 것처럼 '10대(연령) 곤충박사'로 자신의 정체성을 확립해서 열심히 활동한다면 나중에 20대가 되고 30대가 되어도 팬들은 10대 때부터 열심히 활동해온 뿌리 깊은 곤충박사라는 점을 기억할 것입니다. 그 점이 사람들에게 알려질 때 강점으로 작용할 수 있겠죠.

만약 열심히 공부해 서울대에 들어가게 된다고 하면, '10대 때부터 활동해온 서울대 다니는 곤충박사'가 되어 더 큰 강점을 갖게 되겠죠. 단순하게 "공부를 열심히 해야지"라는 목표를 세우는 것은 차라리 목표를 세우지 않는 것보다 더 큰 혼란을 가져옵니다. 만약 전교 1등을 목표로 공부한다면 현재 전교 1등이 어떻게 공부하고 있는지를 분석하게 될 것이고, 그렇게 공부하다가 보면 비록 전교 1등은 못하더라도 어느덧 전교권에서 경쟁하고 있는 나 자신을 발견할 수 있죠.

여기에 더해 기존 전교 1등의 이미지로는 떠오르지 않는 나만의 차별화한 강점을 추가해 목표를 삼는다면, 전국에서 독보적 이미지의 전교 1등이 탄생하는 것입니다. 비록 전교 1등이 안 될지라도 그동안 노력한 만큼 공부를 잘한다는 이미지는 얻을 수 있겠죠. 단순하게 '공부를 잘하는 학생'의 이미지를 뛰어넘어 '나'를 설명할 수 있는 나만의 차별화한 이미지가 탄생하게 되는 것입니다. 삶에서 큰 경쟁력을 얻게 되는 것이죠.

학교는 정말 선택이 아닌 필수일까요?

학교

영양분이
필요한 시기

누구나 다 마찬가지로 갓난아기인 때를 지나 어린이가 되고, 다시 청소년으로 성장하는 과정을 거칩니다. 이렇게 단계를 거쳐 자라나는 과정에는 반드시 영양 공급이 필요합니다. 필요한 영양소를 제때 잘 공급받지 못한다면 신생아에서 어린이가 되는 과정도, 청소년으로 성장하는 과정도 온전하게 진행될 수 없습니다.

이미 자신이 다 큰 것 같다고 생각할 수 있지만, 안타깝게도 아직 더 많은 시간에 더 많은 성장이 여러분 삶에 계획되어 있습니다. 그리고 더 많은 모습이 변해가겠죠. 문득 이런 생각이 듭니다. '어차피

변할 거라면 좀 더 좋은 모습으로 변하면 안 될까?'

영양소의 공급으로 어린이에서 청소년으로 성장할 수 있었던 것처럼, 때에 맞는 적절한 교육으로 우리의 생각이 성장합니다. 아이 수준에 머물렀던 사고력은 교육을 통해 청소년의 생각이 되었고, 앞으로 더 훌륭한 생각으로 성장해 나가게 되겠죠.

우리의 교육과정은 초등학교 졸업 후 중학교에서, 다시 고등학교를 거쳐 대학교로 이어집니다. 이렇게 시기별로 소홀함 없이 교육을 받는 이유는 성장에 필요한 지식을 내 몸에 받기 위함입니다. 밥이라는 영양소를 먹어서 몸이 자라나듯 지식이 늘어나야 생각 또한 자랄 수 있기 때문이죠.

몸은 이미 성인이 되었는데 제대로 교육받지 못해 초등학교 수준의 대화만 가능한 사람이 되어서는 안 되겠죠. 몸의 성장과 함께 생각도 성장해야만 균형을 이룰 수 있습니다. 청소년기에 성장을 위한 에너지는 음식과 지식, 경험 등이 될 수 있습니다.

먼저 음식을 섭취하여 영양소를 받아야만 몸이 성장할 수 있죠. 지식은 교과과정을 소홀히 하지 않는 상황에서 자연스럽게 쌓여갑니다. 경험은 공부 외에 자신이 즐기는 취미활동이나 새로운 도전으로 쌓을 수 있습니다. 학교 내에서도 다양한 활동을 통해 경험을 쌓는 것이 가능합니다. 봉사활동으로 새로운 가치를 발견하는 경험도 삶의 좋은 자양분이 될 수 있습니다.

고등학교 선택과
대학교 선택

초등학교 시절에는 딱히 나의 의지로 내 미래를 디자인하기가 힘들지만, 중고등학생이 되면 내 미래의 꿈을 바탕으로 어느 정도 행동 선택이 가능해집니다. 공부하고 싶은 분야를 선택해 고등학교를 정하기도 하고, 원하는 대학에 가려는 노력을 하기도 합니다.

필자는 인문계 고등학교에 진학하여 1년 정도를 다니다가 예술고등학교로 넘어간 보기 드문 케이스입니다. 당시에는 인문계 고등학교를 다니면서 '어차피 미술로 대학을 갈 바에는 미술을 전문적으로 하는 예고에서 공부하자'라는 생각을 했던 것 같습니다.

하지만 예고에 와서 보니 방과 후에 따로 입시미술학원에 가서 교육받는 모습이 인문계와 별반 다를 바가 없다는 걸 깨닫게 되었습니다. 게다가 실기와 성적이라는 두 마리 토끼를 동시에 잡아야 하는 예체능계의 특성상 예고의 교육방식은 오히려 경쟁력이 떨어졌습니다. 어차피 방과 후에 입시미술학원에 가서 실기공부를 하는 건 똑같은데, 학교에서는 성적에 대한 뚜렷한 집중을 하지 않았기에 경쟁력이 뒤쳐진다는 걸 느끼게 되었죠. 고등학교의 성격과 나 자신의 역량에 대한 철저히 분석하지 못한 채 예고를 선택한 결정이었습니다. 그에 대한 피해는 고스란히 나 자신에게 돌아오게 되죠.

원하는 대학교를 선택하여 목표 삼고 공부하기 전 앞서 언급했던 것과 같이 내가 원하는 대학에서 내가 원하는 학과를 어떻게 대하고 있는지 먼저 조사해볼 필요가 있습니다. 미술로 유명한 대학인 홍익대는 미술대학 안에 디자인 전공을 넣어놨습니다. 디자인의 개념을 미술이라는 큰 카테고리 안에 존재하게 하는 것이죠. 반면 국민대는 디자인학과만 따로 모아 조형대학을 설치했고, 미술 전공은 디자인과 겹치지 않도록 예술대학에 넣었습니다. 같은 디자인인데도 두 학교의 모습이 다릅니다. 홍익대는 미술과 디자인이 한솥밥을 먹도록 하고, 국민대는 미술과 디자인을 다른 별도의 개념으로 분류하여 섞이지 않게 합니다.

이렇듯 대학교마다 내가 원하는 전공을 어떻게 바라보고 대하고 있는지를 파악한 후, 자신의 스타일에 맞게 선택과 집중을 해야 합니다. 우선 '나'라는 사람의 성향을 먼저 파악해야겠죠. 그런 다음 내게 맞는 학교를 선택하면 됩니다. 만약 그 학교에 갈 성적이 안 된다면 공부를 해서 성적을 맞춰야 합니다.

대학의 수준에 내 성적을 맞추려는 노력 대신 지금 내 수준에 맞는 적당한 대학을 물색하는 경우가 종종 있습니다. 하지만 이런 모습은 마치 지금 거울에 비친 뚱뚱한 내 몸에 적당히 맞는 옷이 나타나면 바로 입어버리는 행위와 다를 바가 없습니다. 이렇게 되면 내가 입고 싶은 옷을 평생 입을 수 없게 되죠.

    내 성향에 맞는 좋은 대학에 가기 위해 공부하고 노력하는 건 입고 싶은 멋진 옷을 입기 위해 다이어트를 하는 것과 같은 모습입니다. 다이어트에 성공하면 멋진 옷을 입을 수 있는 것은 물론, 지금껏 경험 못 한 가벼운 몸으로 더 멋지게 살 수 있게 됩니다. 세상의 틀에 나를 끼워 넣으려 하지 마세요. 나를 좀 더 크게 바라보고 내가 만든 플랫폼 안에서 세상의 흐름을 조율하며 살 수 있기를 바랍니다. 그게 멋진 인생이죠.

저는 뭘 하는 사람이 되어야 할까요?

직업

직업만으로 설명이
가능한 사람

얼핏 보기엔 별 특색이 없어 보이는 사람들, 그냥 아무 생각 없이 스쳐 지나는 사람들 중에 의사가 있고 법조인이 있고 공무원이 있고 선생님이 있습니다. 그들과 마주 앉게 되어도 직업에 대한 정보를 듣기 전까지는 딱히 이미지가 정립되지 않겠지만 '의사'나 '변호사'라는 직업을 듣는 순간부터 그 사람은 그 직업의 이미지로 인식되고 기억되기 시작합니다.

우리는 의사라는 직업에 대해 갖고 있는 이미지가 있습니다. 법조인이나 운동선수 역시 마찬가지죠. 여러분이 만약 의사가 된다고 하면 사람들은 저마다 인식하고 있는 이미지로 여러분을 기억할 것입니다. 공무원이 된다고 해도 마찬가지겠죠.

하지만 뚜렷한 직업을 갖고 있지 않다면, 사람들에게 확고한 이미지로 기억되기가 쉽지 않습니다. 일을 하고는 있지만 내가 원하던 삶의 모습이 아니기에 남들 앞에서 그 직업을 자신 있게 드러내지 못하는 경우도 생기죠.

학교를 졸업하고 사회에 진출하면 뭐든 하나씩 직업을 갖게 됩니다. 직업은 나의 이미지를 드러내는 얼굴과도 같기 때문에 매우 신중하게 선택해야 합니다. 누군가를 만나고 기억하려 할 때 그 사람의 데이터는 직업과 함께 머릿속에 저장됩니다. 때문에 어떨 때는 이름이나 얼굴은 기억이 안 나더라도 직업만 기억 나는 경우가 있죠. 친구 앞에서 A라는 선생님에 대해 얘기하려 할 때 이름이 기억이 안 나면 "아, 그 사람 있잖아…. 이름이 생각 안 나는데, 그때 카페에서 만났던 선생님" 이런 식으로 대화하는 경우가 있습니다. 그 사람의 이름은 기억 못 하더라도 그 사람이 선생님이라는 직업의 데이터는 확실하게 머리에 저장되어 있는 것이죠. 우리가 갖게 될 직업역시도 우리의 이미지를 대변하게 될 것입니다. 누군가 우리를 기억할 때 우선적으로 그 직업을 떠올리게 되겠죠. 때문에 내게 가장 적합한 직업을 찾아 목표를 삼아야 하겠습니다.

직업을 선택하기 전에는 자신이 가진 성향을 먼저 분석하고 그에 맞는 직업을 세분화한 뒤에 선택하는 자세가 필요합니다. 내가 좋아하는 일을 내 직업으로 삼는 것만큼 행복한 모습은 없겠죠. 하지만 내 성향에 대한 철저한 분석 없이 단순히 하기 편하다거나 갖고 있는 취미활동과 연관된다는 이유 때문에 섣부르게 직업을 선택하지 않기 바랍니다. 학창시절에 아르바이트를 해볼 수는 있지만, 지금 하고 있는 아르바이트를 내 평생직업으로 인식하지는 않죠. 나를 설명하는 이미지가 될 수 있는 직업을 아르바이트로 선택하듯 가볍게 결정하지는 않기 바랍니다.

이걸로 밥 벌어먹고
살 수 있거든요!

대학생들이 즐겨보는 한 잡지에서 다양한 경로로 직업을 찾은 사람들에 대한 내용이 소개된 적이 있습니다. 한 젊은이는 유럽 여행을 할 목적으로 시작한 아르바이트에서 좋은 평가를 받아 직원으로 일해 보라는 제의를 받게 되었다고 하네요. 처음엔 여행을 갈 거라고 거절했지만 한 달 동안이나 이어진 설득 끝에 결국 직원이 되었다고 합니다. 지금은 3년 7개월이 넘도록 유럽 여행을 가지 못하고 회사에서 직원으로 일하고 있다고 합니다.

이 젊은이는 대학에서 연예·매니지먼트를 전공했고, 패션 뷰티와 관련된 브랜드에서 잠깐 일을 한 경력밖에는 없었다고 합니다. 하지만 특유의 승부욕과 효율적으로 일하는 스타일이 드러난 때문인지 제조업을 하는 회사에서 스카우트 제의를 받게 된 것입니다. 제조업에 몸담고 보니 다른 분야보다 일과 생활의 균형을 잘 유지하면서 지낼 수 있는 점이 만족스럽다고 하네요.

어떤 대학생은 교양수업을 듣게 된 것을 계기로 생전 처음 여행 영상을 만들게 되었다고 합니다. 근데 만들다 보니 점점 욕심이 생기게 되었고, 열심히 편집하다가 보니 영상 분야에서 자신의 재능을 발견하게 되었다고 하네요. 결국 영상을 만들고 편집하는 취미가 생기게 되었습니다. 그렇게 자신이 취미로 만든 영상을 인스타그램에 올렸더니 재능을 알아본 대학교 홍보팀에서 연락이 왔고, 대학교 홍보영상을 제작하는 일까지도 맡게 되었다고 합니다. 덕분에 장학금을 받으며 학교를 다니고 있다고 하죠. 본인이 좋아하는 일을 하며 돈까지 벌게 되어 너무 뿌듯하다고 말합니다. 또한 기회가 찾아왔을 때 본인처럼 일단 잡아보라는 말을 후배들에게 전하기도 했습니다.

우연한 기회에 접하게 된 봉사활동에 매력을 느껴 다니던 학교를 휴학하면서까지 봉사활동을 직업으로 삼고 지내는 사람도 있습니다. 이렇게 우연한 경로를 통해 우리에게 어떤 일을 할 수 있는 기회가 찾아오고, 그 기회를 잡느냐 잡지 않느냐에 따라 미래가 달라집니다. 최대한 많은 경험을 통해 다양한 선택의 폭을 가질 수 있게 되길 바랍니다.

진정성 있는
직업

마켓컬리의 김슬아 대표는 '마켓컬리'라는 브랜드 이름에 '믿고 먹을 수 있다'는 신뢰를 심어주려는 노력을 했다고 합니다. 단순하게 생산자의 제품을 소비자에게 전달하는 오픈마켓이 아니라, 생산자의 상품을 직접 먹어보고 분석한 뒤 소비자에게 전달되는 혜택을 예측하여 판매하는 것입니다.

게다가 팔릴 수 있는 수량을 미리 예측하고 팔릴 수 있는 만큼만 매입해 판매합니다. 수요예측에 실패해 재고가 남게 되어 특가 세일을 반복하는 다른 유통업의 구조와는 전혀 다른 새로운 플랫폼을 만든 것입니다.

코로나19로 인해 소비자들은 아무 곳에서 아무 물건이나 사지 못하는 상황을 겪게 되었습니다. 때문에 온라인으로 식품을 구매하는 수요가 급등했지만 마켓컬리는 주문을 처리할 수 있는 만큼만 받습니다. 그리고 받은 주문은 반드시 다음 날 오전 7시까지 고객의 집 현관 앞에 배송해 줍니다. 김슬아 대표는 "식료품에 있어서만큼은 보지 않고도 믿고 살 수 있는 마켓컬리"가 될 수 있도록 비즈니스에 진정성을 계속 주입시켰다고 합니다.

김슬아 대표는 자신이 먹는 걸 좋아해 음식사업을 시작하게 되었다고 합니다. 음식사업이 트렌드여서 시작한 것이 아니며 돈이 되니까 시작한 것 또한 아닙니다. 진정으로 자신이 좋아하는 일이기에 시작한 것입니다. 덕분에 거침없이 성장해 나갈 수 있었죠.

민사고에 들어갔을 정도로 뛰어난 학업성과를 보인 김슬아 대표는 미국 웰즐리대학 정치학과를 졸업했습니다. 그 후 골드만삭스 홍콩, 맥킨지 홍콩 등에서 컨설턴트로 일을 한 경력이 있는데, 업무량이 많은 기업에서 극한의 상황까지 일을 하다 보면 입맛이 없어지게 되는 경우를 종종 경험했다고 합니다. 자신은 먹기 위해 돈을 버는 사람인데 쉬는 날 먹지도 못할 정도로 힘이 드니까 계속 이 일을 해야 하는지에 대한 고민이 시작됐다고 말합니다.

결국 김 대표는 자기 자신에게 있어 진정성 있는 행동을 보이기로 결정하고 하던 일을 그만뒀습니다. 그리고 곧바로 마켓컬리를 시작했죠. 마켓컬리의 운영 시스템 역시 고객에게 진정성을 보여주는 형태로 디자인했습니다. 이 덕분에 마켓컬리는 짧은 시간에 비약적인 성장을 거듭해 나갈 수 있었죠.

마켓컬리 대표이사의 자리에서 물러나게 되는 한이 있어도 MD의 자리는 꼭 맡아서 식품을 발굴하는 일을 지속하고 싶다고 말하는 김슬아 대표. 워낙 먹는 것을 좋아하기에 관련 일을 맡아서 계속하고 싶다는 인터뷰 내용을 보면, 돈이나 트렌드에 따라 직업을 선택한 것이 아님을 알 수 있습니다.

자신이 진정으로 행복을 느낄 수 있는 일을 하면 그 어떤 일보다

추진력이 생기고, 능률과 성과가 더 오르게 됩니다. 골드만삭스와 맥킨지 등 이름만 대도 전 세계인들이 아는 유수의 기업에 재직했지만 마음의 행복을 찾을 수 없었기에 결국 그만둔 마켓컬리 창업자의 사례를 살펴봤습니다. 주변의 시선을 너무 의식한 나머지 행복을 찾을 수 없는데도 유명한 회사에 계속 머무르려 했다면, 마켓컬리도 세상에 없었을 것이고 마켓컬리로 만족을 느끼는 소비자들의 모습 역시 지금 존재하지 않았을 것입니다.

직업의 선택은 자신이 원하는 일을 진정성 있게 찾는 과정으로 인식되어 이루어져야 합니다. 따라서 이름만 대면 다들 알 법한 큰 회사나 화려해 보이는 겉모습만 쫓아서 직업을 선택해서는 안 되겠죠. 화려해 보이는 직업과 나 자신의 진정성 있는 행복의 비례관계를 잘 생각해야 합니다. 그것을 바탕으로 나에 대해 충분히 설명해 줄 수 있는 직업을 잘 찾아보시기 바랍니다.

5

예측하기

지금 취미를 지속해도
나중에 행복할 수 있을까?

행복과 진로

이제 지금까지의 내용을 종합하여 아직 다가오지 않는 미래에 대한 예측을 해보도록 합니다. 인생의 궁극적인 목표는 행복입니다. 그 누구도 불행한 삶을 위해 노력하지는 않죠. 아리스토텔레스와 플라톤이 활동하던 고전 사상체계 속에서도 행복은 인생의 궁극적인 목표였다고 전해지고 있습니다.

행복은 '만족'이라는 감정에서 출발하는 데, 내가 속한 사회에서 성공을 거둔다면 큰 만족감을 얻게 될 수도 있습니다. 하지만 이 성공이라는 개념은 내가 속한 시대별, 상황별로 개념이 달라지기 때문에 동일한 목표를 두고 평생 같은 노력을 지속할 수는 없습니다.

예를 들어 누군가 좋은 대학에 가려는 꿈을 꾸고 있다고 합시다. 이 꿈을 이루기 위해 목표를 세우고 공부를 열심히 하겠죠. 그 결과로 공부를 잘하게 된다면 좋은 성적을 올리며 원하던 대로 좋은 대학에 갈 수 있을 것입니다. 즉 좋은 대학에 가기 위한 필수조건은 그냥 공부를 잘하기만 하면 되는 것입니다.

그렇게 죽어라 공부만 해서 들어간 대학을 우리가 평생 다닐 수는 없죠. 짧게는 2년, 길게는 6년 정도 공부를 하고 나면 졸업을 하게 되고 사회에 진출하게 됩니다. 대학은 공부를 잘하는 학생을 선별해서 뽑았지만 회사는 일을 잘할 수 있는 사람을 뽑으려 합니다. 즉 대학에 들어가기 전까지는 공부를 잘하는 사람이기만 하면 됐는데, 대학에 들어가서 졸업하기 전까지는 일을 잘할 수 있는 사람으로 변신해야 하는 것이죠.

물론 공부를 잘하면서 일까지 잘한다면 엘리트로 분류되어 높은 연봉을 받으며 남들이 부러워할 만한 회사에서 일을 할 수 있습니다. 하지만 큰 회사에서 많은 업무량을 감당하다 보면 종종 스트레스를 호소하게 됩니다. 따라서 내가 하는 일은 반드시 내가 만족하고 행복을 느끼는 일로 선택해야 합니다. 내가 가진 취미, 즉 가만히 있어도 내 마음이 향하는 분야가 있다면 내가 하는 일에 많은 영향을 줄 수 있습니다.

취미생활은 보통 우리에게 경제적 이득을 주지 않는(소득이 되지 않는) 활동인 경우가 대부분입니다. 돈을 버는 일은 우리에게 경제적(소득이 되는) 활동인데 보통의 사람들은 일을 하면서 스트레스를 받습니다. 공부를 하는 행동은 우리에게 경제적인(지식을 얻는) 활동인데 우리는 공부를 하면서 스트레스를 받거나 버거워하죠. 대신 경제성이 없어 보이는 취미활동을 하면서는 만족감을 느낍니다. 다르게 생각해보면 취미활동을 하면서 내 몸은 경제적인(행복감을 얻는) 상태가 되죠. 그렇다면 취미생활을 꾸준히 지속하면서 살아도 행복한 삶을 살 수 있을 것인지 알아보도록 합니다.

나의 행복 포인트를
찾아라!

우리 인간의 스타일은 저마다 다릅니다. 각자 서로 다른 가치관을 가지고 있죠. 이렇게 각자 다른 스타일 때문에 행복을 느끼는 지점도 저마다 다릅니다. 따라서 행복한 삶을 위해서는 먼저 내가 어떤 분야에 행복을 느끼는지 솔직하게 분석해야 합니다.

가령 나는 운동을 할 때 기분이 좋은지, 악기를 연주하면서 희열을 느끼는지, 아니면 온라인 게임을 할 때 진정한 행복을 느끼는지 등을 솔직한 태도로 빈 종이에 기록해 보시기 바랍니다. 그런 다음 지금 나는 이 취미생활을 위해 하루 몇 시간을 투자 하고 있는지 적어보시기 바랍니다. 그럼 여러분이 그 취미를 가볍게 생각하는지, 진중하게 여기고 있는지가 분석됩니다.

우리의 부모님 세대 중에는 제대로 된 취미생활 없이 다소 건조하게 자신에게 맡겨진 일만 하며 지내온 분이 많이 계십니다. 그 모습을 안타깝게 여긴 자녀들이 재미있는 문화생활을 소개해 준 덕분에 늦은 나이에 취미를 얻게 되어 행복한 삶을 시작하게 된 분이 계십니다.

하지만 그 시기보다 좀 더 빠르게 내가 행복을 느끼는 진정한 취미를 발견하고 발전시킨다면, 스트레스 해소에 도움이 되는 것은 물론 자신의 삶에 이로운 생활을 디자인해 나갈 수 있습니다. 취미를 발전시켜서 직업이 되게 하든지 평생 취미로 삼으며 지내든지 관계없습니다. 누군가 나에게 취미가 뭐냐고 질문을 했을 때, 잠시도 머뭇거리지 않고 곧바로 말할 수 있는 건전하고 뚜렷한 취미가 있어야 합니다. 면접에서도 이런 질문은 자주 등장합니다.

나 자신을 국가로 인식하고 내가 가진 취미와 공부해 나갈 분야를 기업으로 여기며 관리해 나가는 시도를 해볼 필요가 있습니다. 국가를 이끄는 정부는 경제 위기 상황에서도 기업과 개인이 쓰러지지 않게 유동성을 공급합니다. 위기 상황에서 돈이 모자라 쓰러질 위기에 몰린 기업과 가계에 돈줄을 대주며 심폐소생술을 실시하는 것이죠.

여러분이 목표한 대학에 가기 위해 열심히 공부를 하던 중 슬럼프가 찾아와서 사회탐구나 수리영역이라는 기업이 도산 위기에 몰렸다고 가정해봅시다. 그럼 나 자신인 정부는 어떻게든 유동성을 공급하여 그 기업을 살려야 합니다. 그래야만 수능에서 과목 밸런스를 유지할 수 있고 원하는 목표를 이룰 수 있습니다.

정부는 재정 지출을 확대해서 경제 위기를 극복하기도 합니다. 정부가 직접 일감을 만들어 수요를 일으킨다거나, 취약 계층에게 보조금을 지급하는 등 나라 경제를 두루 살피는 일이죠. 여러분 자신이 학업에 대한 스트레스로 인해 생활이 무력해진다면 적절한 휴식과 취미생활을 함으로써 시간을 좀 더 다채롭게 활용하는 것 또한 좋은 방법입니다.

그러면 더 나은 성적과 성과라는 세금이 거둬질 것이고 결국 자신에 해당하는 경제가 원활하게 회전하게 될 것입니다. 더욱 효율적으로 성장할 수 있겠죠.

세상이 말하는
행복의 기준

내가 느끼는 행복과 세상이 정해놓은 행복의 기준이 서로 다를 수 있습니다. 세상은 크고 화려한 모습을 성공이라 정의하지만, 사실 나는 작고 소소한 것에 더 가치를 두는 사람일 수 있죠. 따라서 세상의 기준을 무조건 따를 필요는 없습니다. 하지만 그 기준에서 벗어나려면 적지 않은 용기가 필요합니다.

지금 청소년기를 보내고 있는 여러분은 자신에게 세상을 바꿀만한 힘이 아직 없으며 많이 부족하다 여길 수 있습니다. 하지만 여러분의 환경이 아닌 여러분 자신을 바꾸는 노력을 통해 스스로를 직접 디자인할 수는 있겠죠. 여러분 자신이 바뀌면 주변이 변화되고, 주변의 변화는 지역을 변화시킵니다. 더 크게는 세상을 변화시킬 수도 있죠.

사람들은 정규직이 아닌 아르바이트로 잠깐 일을 하는 경우에 그 일에 대해 별다른 비중을 두지 않는 모습을 보일 때가 있습니다. 대부분 알바 대신 자신의 직업이라고 남 앞에 당당하게 내세울 수 있을 만한 번듯한 직장을 빨리 갖게 되기를 원하죠. 분석해 보면 사람들은 아르바이트로 잠깐 하는 일에는 큰 행복을 부여하지 않고, 평생직업을 각오하고 입사한 번듯한 직장생활만을 행복으로 정의하는 듯합니다. 하지만 정말 행복을 느끼면서 알바에 접근하면 남들과 다른 길을 걷게 될 수도 있습니다.

2019년, 이양열 씨는 30대의 젊은 여성으로 국내 유명 프랜차이즈인 스쿨푸드의 대표직에 오르게 되었습니다. 그는 2006년 서울 신사동 가로수길에 있는 스쿨푸드 매장에서 아르바이트를 시작하면 서부터 스쿨푸드와 인연을 맺게 되었다고 합니다. 당시 대학생이던 그녀는 스쿨푸드에서 판매하는 장아찌 김밥에 매료된 단골고객이 었습니다. 스쿨푸드의 음식을 너무도 좋아했기에 스쿨푸드에서 알 바를 하는 시간도 행복으로 다가왔죠.

그 때문에 방학 동안 딱 닷새만 일하기로 마음먹었는데, 1년이 넘 도록 그곳에서 일을 하게 되었습니다. 외식업종에서 경험할 수 있는 대부분의 경험을 알바하는 동안 다 겪게 되면서 자연스럽게 '이 길 이 내 길'이라는 생각을 하게 되었다고 합니다. 그 즉시 그는 대학과 전공을 모두 포기하고 스쿨푸드 영업에 올인하게 됩니다.

이 대표는 아르바이트를 하면서 스쿨푸드 음식을 매일 먹을 수 있 다는 기쁨으로 일했는데, 가끔씩 맛이나 색깔에서 차이가 난다는 점 을 발견했습니다. 이 대표는 그 즉시 주방으로 달려가 수십 개의 레 시피를 뽑아와 그것의 문제점을 파악하기 시작했습니다.

그러고는 그동안 애매하게 정리되어 있던 레시피를 개선하며 조 리 때 사용되는 재료와 숟가락 크기까지 자세히 정리해 보고서를 만 들었습니다. 그러자 점포의 구분 없이 맛이 균일해져 소비자의 반응 이 더 좋게 나타났습니다.

1년에 단 3일만 쉬면서도 스쿨푸드를 위한 일을 행복하게 해오던 이양열 씨는 직영운영팀장, 브랜드사업본부장, 그리고 최고운영책임자의 자리까지 거친 뒤 2019년 11월 스쿨푸드의 CEO에 오르게 됩니다. 알바생이 대표가 된 것을 결과로만 보면 인생역전으로 풀이할 수도 있습니다. 하지만 이 대표는 누구보다 진정성 있게 회사를 위해 연구하고 노력했고, 그 모든 과정을 행복을 느끼는 가운데 진행했습니다. 덕분에 알바로 일을 시작한 지 10여 년 만에 CEO가 되는 놀라운 결과를 만들 수 있었죠.

세상의 시각에서 보면 평생 할 일도 아닌 알바에 뭐 그리 큰 에너지를 쏟느냐고 할 수도 있습니다. 하지만 본인이 진정으로 행복을

느끼며 집중할 수 있는 분야여서 가능한 일이었습니다. 만약 알바를 하면서 행복을 느끼지 못했다면 CEO의 자리까지 오르지 못했을 것입니다. 신사동 가로수길 스쿨푸드 매장에서 잠시 알바를 했다는 경력만 남아 있겠죠.

행복은 억지로 강요해서 누릴 수 있는 것이 아닙니다. 노력으로 이루기도 힘들죠. 우리의 스타일이 저마다 다르듯 행복을 느끼는 포인트도 다 다릅니다. 따라서 나만의 행복 포인트를 찾은 뒤 그것을 위해 노력하면 됩니다. 그것이 취미활동이 되었든 알바가 되었든 관계없습니다. 우선 내가 행복감을 느껴야 더 집중할 수 있는 에너지가 나오고 성과를 얻을 수 있게 됩니다.

많은 사람이 기업의 CEO가 되기 위해서는 우선 좋은 대학을 나와야 하고, 높은 토익 점수와 다양한 자격증을 보유하고 있어야 한다고 생각합니다. 하지만 이양열 스쿨푸드 대표는 아르바이트로 입사한 경력밖에는 가진 게 없었으며, 학력마저도 일에 집중하느라 포기해 버렸습니다. 그런데 초고속 승진을 거쳐 기업의 CEO가 되었죠. 세상 사람들이 생각하는 기준과는 상당히 다릅니다. 이건 본인의 행복을 외면하지 않으며 집중했기에 가능한 결과였습니다. 만약 스쿨푸드 일에 행복을 느끼지 못했다면 불가능했겠죠.

이양열 대표가 CEO가 되고난 직후 코로나19 사태가 터졌습니다.

이 때문에 오프라인 매장을 찾는 손님들의 발길이 뚝 끊겼죠. 그런데도 스쿨푸드는 40%가 넘는 매출 증가를 기록하며 성장세를 이어가고 있습니다. 진짜로 행복해서 하는 일을 누가 막을 수 없기 때문입니다. 여러분도 여러분이 진짜 행복을 느끼는 분야가 무엇인지 생각해 보시기 바랍니다. 세상이 말하는 화려한 모습에 내 행복을 끼워 맞추는 것은 남들의 부러움을 살 수 있을지는 모르지만 본인이 행복하지 않은 삶을 선택하는 길일 수 있습니다.

하라고 해서 공부를 하긴 했지만,
내 꿈은 이룰 수 있을까?

꿈꾸던 나

어떤 꿈을
꿨나요?

세상은 매우 빠르게 변하고 있습니다. 때문에 흔하게 있던 직업이 없어지기도 하고 세상에 존재하지 않던 새로운 직업이 마구 생겨나기도 합니다. 많은 청소년이 꿈과 목표를 설정할 때 대통령, 외교관, 의사, 물리학자 등 직업을 이야기합니다. 하지만 이런 직업을 갖게 된다고 해서 반드시 행복이 보장되는 건 아닙니다.

이런 방식의 꿈 설정은 '무엇을, 어떻게, 왜'에서 '무엇을'만이 충족된 사례입니다. 많은 청소년이 아직 다가오지 않은 미래의 모습을 구체적으로 꿈꾸려 하지 않습니다. 일단 의사가 되기만 하면 돈을 많이 벌고 행복하게 살 수 있을 거라 생각하며 막연한 기대 속에 꿈을 꾸죠.

또 청소년들은 웬만하면 '왜'의 부분도 충족하는 꿈을 가집니다. 선생님이 되고 싶어 하는 친구에게 왜 그런 꿈을 꾸게 됐냐고 질문하면, 나름대로 이유를 말하기 때문입니다. '어떻게' 될 것이냐는 방법론적인 질문을 던져도 꿈을 이루기 위한 저마다의 방식을 말하겠죠.

하지만 정말 중요한 것은 '어떤' 모습의 꿈이냐는 것입니다. '착한 의사'가 될 것인지 '나쁜 의사'가 될 것인지에 대한 구체적인 설정 없이 그냥 의사가 되려고만 합니다. 내가 어떤 사람이 될지는 의사가 되고 나서 생각해도 늦지 않다고 여기죠. 하지만 의사가 되고 안 되고보다 먼저 어떤 내가 되어 의사를 할 것인지가 사실 더 중요합니다.

4차 산업혁명으로 인해 현재 사람이 하는 대부분의 일을 AI가 대신하게 될 것입니다. 결국 아주 많은 분야의 직업이 흔적도 없이 사라지게 되겠죠. 예를 들어 여러분이 의사를 꿈꾸고 열심히 노력해서 결국 의사가 되었다고 가정해 봅시다. 근데 AI 기술이 상상이상으로 발전해 여러분이 담당하고 있는 의료 분야를 로봇이 100% 대신하게 된다고 생각해 볼게요. 그러면 의사였던 내 직업이 없어지고 '좋은 의사', '나쁜 의사'가 아닌 '좋은 사람', '나쁜 사람'만 남게 됩니다.

물론 모든 의료 분야가 100% 로봇으로 대체될 확률은 적습니다. 하지만 의사가 아니더라도 자신이 꿈꾸는 분야에서 그 타이틀이 사라지고 나면 나는 어떤 사람으로 남게 될지를 먼저 생각해 볼 필요가 있습니다.

결국 나를 설명해줄 수 있는 건 내가 가진 직업의 타이틀이 아니라 본연의 나 자신이라는 걸 깨달아야 합니다. 그걸 깨달은 뒤 '나'의 가치에 대한 디자인을 먼저 하고, 그 후에 직업을 얻어야 합니다. 그래야만 그 직업이 없어지거나 내가 그 직업을 버리게 되는 일이 생기더라도 훌륭한 나 자신이 남게 됩니다. '나'라는 사람이 괜찮은 존재라면 직업을 바꾸거나 전혀 다른 일을 하게 되더라도 좋은 평가를 받을 수 있겠죠.

#5 예측하기

'누가, 무엇을, 어떻게, 왜'에서 빠진 '누가'의 부분을 이 과정을 통해 완성하시기 바랍니다. 진짜 꿈을 직업에 두지 말고 그 직업을 가진 어떤 내가 될 것인지에 두기 바랍니다.

공부를 잘하는 사람 vs
하나라도 잘하는 게 있는 사람

학생으로서 공부를 잘하는 것만큼 훌륭한 모습은 없겠죠. 정작 하고 싶은 건 많지만 학생은 공부를 해야 한다고 여기는 사회의 시스템 속에 살면서 공부를 아예 놔버릴 수만은 없는 게 현실입니다.

대한민국의 많은 젊은이는 미래의 행복을 위해 행복해야 하는 지금 시대를 누리지 못하고 사는 게 대부분입니다. 윗세대가 그렇게 살아온 걸 보고 자라왔으며 그것에 길들여 있기 때문이죠. 대부분 아직 다가오지 않은 막연한 미래를 위해서만 살아갑니다. 즉 늙어서 편하게 살기 위해 젊을 때 불편하게 살아가는 모습인 거죠. 하지만 이런 식으로 살다보면 정작 늙게 되어도 편하게 살기는 힘듭니다. 편하게 살아도 되는 때가 됐지만 여전히 아직 다가오지 않은 막연한 내일에 대한 대비를 하면서 살 것이기 때문입니다.

우리가 오늘 공부하는 이유는 내일 더 나은 모습의 내가 되기 위함입니다. 당장은 느껴지지 않을 수도 있습니다. 하지만 우리가 공부를 하면서 살고 있는 덕분에 꿈과 목표도 새롭게 업데이트되고 있습니다.

학교 공부 외에도 우리가 할 수 있는 공부는 많습니다. 예를 들어 유명한 쉐프가 되겠다는 꿈을 어려서부터 가지고 있다면, 학교공부에 비해 다양한 음식을 요리하는 요리 공부의 비중을 높이는 것이 인생의 큰 그림에서는 더 나은 결정일 수 있습니다. 물론 나는 그 누구보다 요리를 잘할 수 있다는 자신감과 함께 요리를 하는 게 나의 강점이라고 파악한 사람에게만 말이죠.

이렇게 뚜렷한 목표를 가지는 것은 인생의 커다란 복입니다. 나중에 뭐가 될지 모르니 일단 학교공부나 열심히 하자고 마음을 먹은 사람과 비교해 인생의 목표에 훨씬 빨리 다가갈 수 있는 것이죠.

벤자민 프랭클린은 "인생의 진정한 비극은 우리에게 강점이 없는 데 있지 않고, 갖고 있는 강점을 충분히 활용하지 못한다는 데 있다"고 말했습니다. 이 말처럼 누구에게나 잘하는 건 있습니다. 다만 아직 발견하지 못했거나, 발견했더라도 그것에 집중할 만한 용기가 없는 것이겠지요.

내가 할 수 있는 공부의 범위를 학교공부에 한정지어서 협소하게 바라보지 마시기 바랍니다. 내가 잘할 수 있고, 성공할 수 있는 가능성을 확인했다면 그 분야에 대해 자신감을 갖고 더 공부하며 진로를 디자인해 나가기 바랍니다.

인생에서 내게 맞는 일은 생각보다 찾기 힘들고, 설령 찾았다 해도 그 시기가 너무 늦은 나머지 지금 하고 있는 일을 포기 못 하게 되는 경우가 있습니다. 하고 싶은 게 생겼다는 건 인생을 의미 있게 살아갈 수 있다는 뜻이 됩니다. 거기에 더해 잘하는 게 있다는 건 삶을 더욱 경제적으로 살아갈 수 있다는 의미가 됩니다. 내가 더 잘할 수 있는 것에 집중하십시오. 그게 더 빠르게 성공을 향해 나아갈 수 있는 길입니다.

너무 앞서가도 문제
너무 뒤쳐져도 문제

때로는 여러분이 지금 꿈꾸고 있는 모습이 먼 훗날 이루어지지 않을 수 있다는 생각 때문에 목표를 설정하기 두려워하는 경우가 있습니다. 왜냐면 시간은 빠르게 흐르고 여러분이 살고 있는 지금과 다른 시대에서 여러분의 꿈이 실현될 것이기 때문입니다.

영국의 수학자 찰스 배비지(1891~1871)는 기계식 컴퓨터를 19세기인 1837년에 고안했습니다. 하지만 시대를 너무 앞서간 탓에 그 기술력을 알아보는 투자자를 만나지 못했고 결국 개발을 끝마칠 수 없었죠.

사회적으로 점점 각광을 받고 있는 전기자동차는 1830년대에 이미 고안됐지만 100여년이 지난 지금에서야 빛을 보고 있습니다. 미국의 정신의학자인 올리버 색스(1933~2015)는 사람들 마음속에 새로운 개념이 들어갈 자리를 마련할 수 있는지가 가장 중요하다고 말했습니다. 시대를 상당히 앞서나간 아이디어들이 그 당시에 빛을 보지 못했던 이유를 보면 어쩌면 인간은 새로운 아이디어를 받아들일 준비가 되지 않았기 때문이겠죠. 지금 생활의 모습과 다른 것을 '색다른 것'으로 인식하며 받아들이지 못하고 그저 다른 것으로, 틀린 것으로만 받아들였기 때문입니다.

#5 예측하기

그렇게 새로운 것을 받아들이기 힘들어 하던 19세기의 인류는 20세기라는 학습의 시대를 거쳐 21세기가 되자 오히려 새로운 것을 더욱 갈망하고 있습니다. 19세기에는 앞서가는 게 문제였다면 21세기는 뒤쳐지는 게 오히려 문제가 되고 있죠.

필자는 2010년 즈음 디자인 관련 사업을 시작하면서 청소년들의 단어 암기에 도움을 주는 '메모레이드(Memorade)'라는 제품을 만들었습니다. Memory(기억)+Ade(결과)의 뜻을 조합한 이름의 단어 암기장입니다. 레몬으로 만든 음료를 레모네이드(Lemoade)라고 하듯 기억을 담은 단어장이라는 뜻입니다. 이 상표명과 단어장의 시스템 등 모든 내용은 특허를 받았고, 당시 노량진 스타 강사의 눈에 띄게 되어 많은 이슈를 몰고 오기도 했습니다.

하지만 결과적으로 메모레이드는 시대에 뒤쳐진 결과물이었습니다. 2010년 당시는 스마트폰이 국내에 보급되어 널리 사용되기 시작하는 시기였습니다. 따라서 교육과 관련한 앱이 출시되기 시작하던 때인데 종이로 만들어진 단어 암기장이 나오니 시장의 반응은 엇갈렸습니다. 여전히 종이에 쓰면서 공부해야 한다는 원칙주의적 주장과 스마트 기기를 이용하여 학습해야 한다는 미래지향적 주장이 충돌하게 되었죠. 시장에서 참담한 실패를 맛본 것은 아니었지만 개발 당시 바라던 큰 파급력이 지속적으로 확산되지는 않았습니다. 결국 대중은 종이보다는 스마트 기기에 점점 익숙해지며 더욱 효율적인 학습을 이어나갔죠.

제 주변 지인들은 제가 5년만 일찍 메모레이드를 출시했어도 대박을 칠 수 있었을 거라며 아쉬워했습니다. 학습의 흐름이 디지털로 변모해 가는 과정에서 아날로그를 붙잡았던 꼴이 되어버렸습니다.

여러분이 지금 품은 꿈(직업)은 5년 뒤에 없어지거나 전혀 다른 분야로 대체될 수 있습니다. 예쁜 필기용 종이노트를 만드는 사람이 되겠다는 꿈을 꾸지만 5년, 10년 뒤에는 종이와 연필 대신에 100% 스마트 기기만을 사용하는 시대가 열릴 수도 있습니다. 실제로 현재 대부분의 은행에서는 서류를 작성하기 위해 종이와 펜을 주는 게 아니라 태블릿PC에 서명하도록 하고 있습니다.

"나는 커서 주유소 사장이 돼야지"라며 꿈을 꾸지만, 전기차가 확산되는 지금의 추세를 보면 거리에 있는 주유소는 모두 사라져 버릴 수도 있습니다. 주유소 대신 전기 충전소가 많이 생겨나겠죠. 1990년대까지 거리마다 있던 레코드 가게와 골목마다 있던 비디오대여점은 모두 이런 식으로 시대의 변화에 맞춰 사라져갔습니다.

19세기 인류의 주요 운송 수단은 마차였습니다. 그 시기에 미국 특허청장인 찰스 듀웰은 인간이 개발할 수 있는 건 이미 모두 다 개발했기에 더 이상 나올 수 있는 게 없다고 공식 발표를 했다고 합니다. 비슷한 시절 영국에서도 공기보다 무거우면서 하늘을 날 수 있는 기계는 불가능하다고 했죠. 그렇게 불가능하다고 한 공식발표를 신경 쓰지 않으면서 벤츠는 자동차를 연구했고, 라이트형제는 비행기 실험을 이어갔습니다. 그 덕분에 우리는 20세기부터 마차 대신 자동차를 이용할 수 있게 되었고, 공기보다 무거우면서 하늘을 나는 비행기도 자유롭게 탈 수 있게 되었습니다.

꿈과 목표를 세울 때는 내 꿈이 실현될 그 시기를 미리 예측하고 공부할 필요가 있습니다. 미래에 사라지게 될 산업인 줄을 뻔히 알면서도 거기에 꿈과 목표를 둬서는 안 되겠죠. 그렇게 세상이 움직이는 모습을 잘 관찰하면서 세상을 움직일 수 있는 분야에 꿈을 두고 적절한 타이밍에 멋진 일을 하는 여러분이 되면 좋겠습니다.

정말 방향을 바꾸면 미래가 달라지나요?

디자인하기

미래를
스케치하기

우리가 역사를 공부하는 이유는 과거의 흐름을 읽고 그것을 바탕으로 미래를 예측하기 위함입니다. 우리 모두에게는 저마다의 세계관이 있고 인생이 있습니다. 그 속에는 지금까지 지내온 시간과 역사가 있습니다.

10대 청소년 중에는 자기가 좋아하는 아이돌 스타의 어린 시절 히스토리를 외우다시피 하는 친구가 있습니다. 그들은 아이돌 스타가 지나온 길에 의미를 부여하기도 하죠. 우리나라의 대표적 위인으로 손꼽히는 세종대왕이나 이순신 장군의 경우도 파노라마 같은 삶의 역사가 대중에게 공개되어 지나온 길을 대부분의 국민이 알고 있습니다.

하지만 아이돌 스타나 위인들에게만 히스토리가 있는 게 아닙니다. 개인 모두가 다 소중한 존재이고 저마다의 지나온 길이 있죠. 여러분이 지금까지 살아온 길이 10년, 15년 정도밖에 되지 않아서 짧고 의미 없다고 여겨질지 모르지만 그렇지 않습니다.

여러분 중에 고1이 있다면 불과 5년 전의 모습을 한번 떠올려 보시기 바랍니다. 그때는 초등학생이었죠. 아주 작고 어린아이였습니다. 그로부터 또 5년 전을 떠올려 보세요. 갓 초등학교에 입학한 작은 아이였겠죠. 이렇게 우리의 모습은 점점 변해가는데 5년 단위로 돌아보고 또 앞을 내다본다면 의미 있는 성장을 도모할 수 있습니다.

5년 전의 나는 어떤 모습이었고, 또 어떤 생각을 하며 어떤 꿈을 꾸었는지를 되돌아보고 현재의 나를 점검합니다. 그런 다음 5년 뒤의 내 모습을 가볍게 스케치해 보세요. "5년 후라는 시간이 언제 다가오겠어"라며 생각을 덮어버릴 수도 있지만 분명히 그때는 다가오게 될 것이고, 미리 예측하면서 그 모습을 스케치해 본 사람만이 그 시간의 주인공이 될 것입니다.

5년 전의 여러분 모습을 떠올려보세요. 그리고 변화해 온 내용을 바탕으로 앞으로 5년 후의 미래를 먼저 디자인하고 설계해 보시기 바랍니다. 5년 후를 먼저 디자인한다면 바로 다음 해인 내년만을 바라보고 지내는 여러분의 친구들에 비해 더 확실한 목표를 세울 수 있고, 도중에 어려움이 찾아와도 흔들리거나 포기하지 않을 수 있습니다.

방향을 설정하고
그려보기

5년 후의 모습을 가볍게 스케치해 보았다면 이제 나의 뚜렷한 방향을 설정하고 내 모습을 구체적으로 그려봐야 합니다. 내가 스케치한 5년 후의 모습이 원하는 대학을 다니고 있는 학생의 모습일지, 아니면 유명한 댄서가 된 모습일지, 나만의 독특한 분야를 갈고 닦아서 유튜브 크리에이터의 모습일지 등을 말이죠.

어린아이가 태어나서 유아기, 청소년기, 중·장년기를 거쳐 노년기에 이르는 성장 과정은 저마다의 시기만 다를 뿐 모든 인간에게 똑같이 적용되는 사이클입니다. 우리가 이용하는 브랜드나 선호하는 기업 역시도 태동기 - 성장기 - 성숙기 - 쇠퇴기의 과정을 겪습니다. 이 때문에 나 자신을 기업이라 생각하고 디자인해 보려는 노력이 필요합니다.

대부분의 청소년은 태동기와 성장기의 그 사이 즈음에 있습니다. 청소년기부터 자신의 삶의 방향을 찾아 일찍 성장해 나가는 친구도 있고, 학교를 졸업한 후부터 차근차근 성장해 가는 친구도 있습니다. 이것 역시 저마다의 삶의 때가 다른 것일 뿐 남보다 늦는다고 초조해할 필요는 없습니다.

자신의 삶의 방향을 디자인할 때에는 5년 뒤의 나의 모습을 먼저 스케치해 두고, 그 모습을 이루어 가는 방법들을 연구해보기 바랍니다. 때로 예기치 못한 상황을 맞이하게 될 수도 있는데 이때 능동적으로 대처할 수 있도록 한 가지 방법만을 고집하기보다는 유동적인 경로를 여러 개 만들어두는 게 좋습니다. 목표점만 변하지 않는다면 약간 우회하거나 늦는다 해도 관계없습니다.

내 삶의 모습을 내가 직접 디자인한다는 것은 매우 당연한 일이
지만 모두에게 허락된 일반적인 모습은 아닙니다. 대부분은 자신의
미래를 미리 디자인해 보지 않고 변해가는 상황에 맞춰 살아가고 있
기 때문입니다.

미래의 내 모습을 미리 그려보고 꿈꾸는 것은 매우 의미 있는 일
입니다. 그 모습을 위해 노력할 수 있는 에너지를 얻을 수 있고, 구
체적인 방법을 고민하며 찾을 수 있기 때문입니다. 무엇보다도 내
삶의 방향이 명확하게 잡힌다는 점이 매우 중요합니다. 방향이 정
해지기 전에는 모래사막과 같은 모습이었는데, 방향이 잡히고 나면
그 방향으로 직선도로가 놓이게 됩니다. 이제 그 도로 위에서 속력

만 내며 꾸준히 가면 되는 것입니다. 여전히 모래사막과 같이 방향이 잡히지 않은 모습이라면 속도를 내는 일 따위는 불가능하겠죠.

내가 직접 정한 삶의 방향대로 내 모습을 차근차근 디자인하며 달려보세요. 점점 윤곽이 뚜렷하게 드러나며 흔들림 없이 달릴 수 있을 겁니다. 노력 뒤에 얻게 될 성취에 대한 보상은 더욱 값지겠죠. 목표점을 먼저 정해놓고 노력한다면 어려움이 닥쳐와도 흔들리지 않습니다.

디자인으로 현재와
미래 연결하기

미국 카네기멜론대학교의 하버트 사이먼 교수는 디자인을 "기존의 조건이 더 나은 것으로 변해가는 과정"이라고 정의한 바 있습니다. 이처럼 디자인은 항상 지금보다 더 나은 미래를 향하고 그것과 연결되어 있습니다.

즉 실패한 디자인이란 본질적인 부분의 개선이 미흡하다는 뜻이 되고, 그 결과로 외형적인 아름다움이 사라지게 되는 것입니다. 일반인들이 인식하는 디자인은 대체적으로 외형적인 모습을 데코레이션하는 의미로 통용됩니다. 하지만 디자인은 외형적인 부분에 손을 대기 전에 본질을 개선하기 위한 철학에 먼저 접근합니다. 그런 다음 콘셉트를 도출하고 그 방향성으로 외형적 아름다움이 드러나게 되는 것이죠.

언제라도 TV를 켜면 화려하게 사는 유명 연예인들을 쉽게 볼 수 있습니다. 고급 외제차를 수 십대 넘게 보유하고 있는 모습, 지갑의 돈을 화장실 물 쓰듯 쓰는 그들의 모습은 청소년들로 하여금 이상적이지 못한 삶을 디자인하게 만들 수 있습니다.

화려하게 사는 연예인의 겉모습은 단지 외형적인 이미지일 뿐입니다. 그런 겉모습에만 매력을 느껴 똑같이 화려하게 살고자 노력한다면 자신의 삶을 잘못된 방향으로 흘러가게 할 수 있습니다. 자동차를 예로 들어보면 비싸고 멋진 슈퍼카의 화려한 겉모습은 빠르고 안정적으로 달릴 수 있는 차의 본질을 겉으로 드러내고 있을 뿐입니다. 엔진도 없고 시동도 걸리지 않아 조금도 앞으로 나갈 수 없는 전시용 슈퍼카를 겉모습만 멋지다는 이유로 비싼 값에 구매하는 일은 일어나지 않습니다. 자동차 디자인의 외형은 차의 내부 성능에 비례해서 드러나는 모습일 뿐 진짜 디자인의 구성은 시동을 걸고 달리면서 느낄 수 있죠.

이처럼 여러분의 모습도 겉모습을 화려하게 디자인하기보다 내면적인 가치를 먼저 디자인하시길 바랍니다. 그래야만 5년, 10년이

지났을 때 지금보다 더 나은 나의 모습과 연결될 수 있습니다. 나의 미래를 다른 사람의 모습에서 찾으려 하지 마시기 바랍니다. 닮고 싶은 사람이 있다면 그냥 참고만 해도 됩니다.

언제부턴가 우리에겐 남들과 같은 생각을 하려는 군중심리가 깊게 자리 잡았습니다. 똑같은 모습의 아파트를 선호하고, 어딜 가나 똑같은 재료로 같은 맛의 음식을 제공하는 프랜차이즈 음식점을 찾고, TV에서 유명인이 하는 행동을 따라 하지 않으면 마치 유행에 뒤떨어지는 사람이 되는 듯 똑같이 따라 하면서 다니기에 바쁩니다. 내 생각이 다수의 사람들과 다르다면 곧바로 내가 틀렸다고 속으로 인정해버립니다.

나는 어제 TV에 나온 그 연예인처럼 화려하게 돈 쓰면서 사는 삶을 디자인하려고 해! 일단 돈을 많이 벌어야지!

겉으로 보이는 표면적인 행동 말고 그 연예인의 내면적인 본질을 한번 알아봐! 디자인은 겉모습만을 말하는 게 아니야....

우리의 뇌는 멈춰 있지 않고 평생 동안 환경의 변화에 맞춰 계속 변화합니다. 또 특정 행동을 반복하면 뇌를 그 특정한 방향으로 바꿀 수도 있다고 합니다. 매일 게임을 반복한다면 '게임 중독자'가 될 수 있고, 날마다 책을 읽으면 '독서하는 뇌'가 만들어지겠죠. 내가 꿈꾸는 나의 모습을 디자인하기 위해서는 내 생활의 본질적인 부분부터 디자인해야 합니다. 그래야만 우리의 뇌가 그렇게 인식하고 행동을 유도할 수 있죠.

디자인은 결코 외형적인 모습을 꾸미는 단순한 작업을 의미하는 것이 아닙니다. 중요한 건 본질입니다. 여러분의 내면을 더 멋지게 디자인하여 여러분이 꿈꾸는 모습의 미래와 만날 수 있게 되길 바랍니다.

꿈꿔오던 미래와 다르다면,
혹시 되돌릴 수 있을까요?

교환 · 환불

컴퓨터와 게임,
그 방식에 익숙한 우리

밀레니얼·Z세대를 비롯한 젊은이들은 모바일과 컴퓨터, 그리고 게임에 아주 익숙합니다. 간혹 게임 속 세계에 너무 심취한 나머지 현실 세계와 분간하지 못해서 여러 범죄를 일으키기도 합니다.

컴퓨터로 작업을 하다 보면 실수를 할 때도 있고 오타를 입력하게 될 수도 있습니다. 컴퓨터에서는 실수를 하게 될 경우 곧바로 '뒤로 가기' 버튼을 누르거나 단축키 'Ctrl+Z'를 입력하여 실수하기 이전으로 돌아갈 수 있습니다. 이 과정을 통해 실수했던 부분을 바로잡을 수 있죠.

게임도 마찬가지입니다. 만약 게임을 하다가 내 캐릭터가 죽으면 아무 미련 없이 다시 시작하면 됩니다. 게임 속에서 내가 선택한 길이 잘못된 길이었음을 깨닫고 죽게 되어도 다시 시작할 수 있습니다. 하지만 현실에서는 불가능한 일이죠.

실수를 하게 되거나 잘못된 길을 가게 되었을 때 그 내용을 리셋 (Reset)할 수 있는 컴퓨터 세계와는 달리 우리가 사는 현실 세계는 실수를 했다는 이유만으로 동일한 기회를 계속 제공하지 않습니다. 때로는 한번 선택한 길을 되돌릴 수 없는 경우도 있죠.

여러분이 진로를 선택할 때에도 마치 게임을 하듯 "해보고 안 되면 다시 하지 뭐"와 같은 인스턴트식 발상을 버려야 합니다. 여러분의 몸은 게임 속 캐릭터가 아니며 여러분이 직접 선택해서 나아가는

길은 게임 속 맵(Map)이 아니기 때문입니다. "망했다! 다시 하자!"는 말은 게임에서는 얼마든지 할 수 있지만, 현실 속에서는 다시 할 수 있는 기회조차 없는 '진짜 망함'일 수 있습니다.

어떤 꿈과 목표를 정할 때 걸림돌이 되고자 여러분에게 하는 말이 아닙니다. 다만 여러분의 한번뿐인 인생을 게임에 투영하여 생각하지 않기를 바라는 마음에서입니다. 게임은 그 '끝'과 '다시 시작'이 무의미할 정도로 반복됩니다. 현실은 그렇지 않다는 걸 꼭 명심하길 바랍니다.

인생을 게임이 아닌 게임 이론으로 대하라

게임 이론은 경쟁 상대의 반응에 따라 자신의 행위가 최적의 상태가 되도록 결정해나가는 경제학 이론입니다. 간단하게 설명하자면 함께 게임을 하는 상대방의 전략에 따라 자신의 행동을 변화시키는 것입니다.

예를 들어 만약 친구와 가위바위보를 할 경우, 상대방이 자주 내는 패턴을 읽으면 이길 수 있는 전략을 구사할 수 있습니다. 하지만 골키퍼가 없는 골대에 슛을 넣는 게임은 혼자서 하는 행동이기에 게임 이론과는 양립할 수 없습니다.

모든 게임에 경쟁 상대가 있다고 가정하고 상대방의 행동을 파악하면서 자신의 행동을 결정짓는 게임 이론. 이는 여러분이 진로를 결정하고 난 뒤 찾아올 미래의 변수들과의 대치 상황에 적용해볼 수 있습니다.

내가 현재 하고 싶은 일이 10년 뒤 세상에서는 어떤 개념으로 변하게 될지를 미리 예상하고, 그에 대응할 만한 행동을 미리 준비합니다. 또 내가 선택한 진로가 부모님의 반대에 부딪히게 될 경우, 어떻게 대응하고 설득해 나갈지를 머릿속에 그려보고 준비합니다.

내가 선택한 나의 꿈이 실현되려면 앞으로 5년이 더 남았는데, 만약 3년 뒤 그 직업이 사라져 버리면 나는 어떤 선택을 할 것인지, 지금 언론에서는 미래에 많은 직업군이 사라지게 될 거라고 하는데, 내가 선택한 직업이 그때 가서 진짜 사라지면 나는 어떤 일을 해야 할지 등 내게 다가오는 예측 불가한 상황에 맞서 게임 이론으로 내 행동을 선택하고 준비하기 바랍니다.

그래야만 똑같은 상황이 생기지 않더라도 비슷한 모습으로 다가오는 위기를 극복하고 이겨낼 수 있게 됩니다. 컴퓨터나 모바일게임에 지나치게 심취한 나머지 그 게임 방식대로 내 삶을 컨트롤하지 마시기 바랍니다. 내가 계획한 길을 가로막는 현실의 벽과 1:1로 게임을 하듯 게임 이론으로 원하는 바를 성취하는 멋진 인생이 되기를 바랍니다.

삶은 쇼핑몰에서 구매한
상품이 아니다

온라인 소비문화가 보편화되면서 오프라인 쇼핑보다 온라인 쇼핑이 더 큰 비중을 차지해가고 있습니다. 화면으로 상품을 보고 구매한 뒤 마음에 들지 않으면 교환이나 환불을 받을 수 있는, 구매에 대한 안전장치는 더 많은 사람들을 온라인 쇼핑 공간으로 불러들였습니다.

컴퓨터 작업이나 게임에 익숙해져 현실을 가볍게 바라보는 현상에 대해 앞에서 언급했죠. 같은 관점에서 온라인 쇼핑에 익숙해진 나머지 내 삶도 교환이나 환불이 가능하다고 착각할 수도 있습니다. 하지만 컴퓨터의 '뒤로 가기' 버튼이나 '다시 시작'의 개념이 현실 세계에 존재하지 않듯, 내가 여태껏 노력해온 길과 잘못 선택한 것만 같은 내 진로에 대해 반품을 신청하거나 환불을 요구할 수는 없습니다.

이처럼 여러분의 인생은 매우 소중하고 신중하게 다뤄져야 합니다. 여태껏 걸어온 길이 마음에 들지 않는다는 이유로 환불을 요구할 수 있는 곳도 없으며, 여러분의 인생이 반품 처리되는 일 역시 생겨날 수 없습니다.

여러분의 삶은 쇼핑몰에서 구매한 상품이 아닙니다. 누구에게 중고로 판매할 수도 없습니다. 여러분의 삶은 여러분 자신에게 지속적으로 존재하며 타인의 삶과 비교한다거나 함부로 가치를 평가해서도 안 됩니다.

자신의 삶을 소중히 생각하시기 바랍니다. 또한 내 삶은 내가 직접 디자인해 나갈 수 있다는 점을 반드시 명심하시기 바랍니다. 먼저 큰 그림을 그린 뒤 디테일을 차근차근 완성해 나가세요. 마음에 들지 않는다는 이유로 반품해 버리거나 다시 시작할 수 있는 인생이 아니기 때문입니다.

반품은 안 되지만
교환은 가능해요?

진로를 선택할 때 여러분 자신의 생각이 가장 중요하다는 점을 이야기했습니다. 하지만 인간의 모든 선택이 항상 완벽할 수 없듯 내가 선택한 진로도 100% 만족스러울 수만은 없겠죠. 안타깝지만 반품을 할 수도, 환불을 요구할 곳도 없습니다.

하지만 교환은 할 수 있습니다. 앞서 이야기한 대로 어떤 직업을 위해 노력했느냐가 아닌 어떤 내가 되기 위해 노력했느냐가 중요합니다. 그렇게 노력하여 내가 원하는 내가 될 수만 있다면 직업은 달라져도 상관없습니다. 어떤 직업이든 잘할 수 있을 테니 말이죠.

우리의 직업은 마치 우리가 지금 입고 있는 옷과 같습니다. 각자 의사, 변호사, 선생님이라는 직업의 옷을 입은 상태로 일하지만, 집에 들어오게 되면 그 옷을 벗고 본연의 '나'로 돌아가죠. 그 직업이라는 옷을 벗었을 때 더 멋진 사람이 되도록 노력해야 합니다. 그래야만 다른 옷을 입더라도 멋진 사람이 될 수 있겠죠.

아주 잘생기고 몸매가 좋은 데다가 인성까지 겸비한 멋진 아이돌 스타가 있다고 합시다. 그 옆에는 자기관리에 실패하여 배가 나왔고 매일 PC방을 전전긍긍하며 하루를 보내는 백수 같은 동네 아저씨가 서 있습니다. 멋진 아이돌 스타에게 저가 브랜드의 저렴한 옷을 입히고, 그 옆에 있는 아저씨에게는 명품 브랜드의 고가 옷을 입혔다고 가정해봅시다.

여러분은 어떤 사람에게 먼저 눈길이 갈까요? 아마 열에 아홉은 저렴한 옷을 입고 있는 아이돌 스타를 바라보고 있을 겁니다. 그 옆에 서 있는 아저씨는 비싼 옷을 입긴 했지만 별다른 관심을 받지 못합니다. 이것이 우리의 본질과 직업의 관계입니다. 우리의 본질이 이상적으로 디자인되어 있다면 어떤 옷을 입어도 좋은 평가를 받을 수 있습니다. 반대로 본질이 별로라면 어떤 옷을 입어도 별로겠죠.

　필자의 지인 중에 초등학교 선생님이 있습니다. 그 친구는 초등학교에서 아이들을 가르치기 위해 교육대학을 나오고 임용고시를 치른 뒤 진짜 선생님이 되었습니다. 그렇게 선생님이 되고 얼마 뒤 만나서 이야기를 듣게 되었는데, 자신이 예전부터 생각해오던 선생님의 모습과 많이 다르다고 했습니다. 선생님은 아이들을 가르치는 일만 하면 되는 줄 알고 여기까지 왔는데 정작 가르치는 일은 20% 정도밖에 되지 않고, 나머지 80%는 교무실에서 다른 선생님들과 사회생활을 해야 한다는 것이었습니다.

　물론 그 친구는 지금도 훌륭한 선생님으로 잘 재직하고 있지만, 그 직업의 타이틀을 얻게 된 직후에 느꼈던 괴리감은 상당히 컸을

것으로 느껴집니다. 이처럼 내가 선택한 진로에 대해서는 상당히 먼 거리까지 예측해야 할 필요가 있고, 정작 그 꿈을 이루게 될 미래의 시기에는 어떤 모습이 될지도 생각해볼 필요가 있습니다.

가장 중요한 건 최선을 다해 노력하기 전, 어디로 나아가야 할지 방향부터 정하는 것입니다. 그런 다음 목표점에 무사히 도달할 수 있도록 나 자신을 디자인하고 노력해야 합니다. 어떤 일을 하는 '나'인지보다 어떤 '나'인지를 더 중요하게 생각하길 바랍니다.

여러분이 누릴 미래의 주인공이 여러분 자신이 되길 간절히 바랍니다. 여러분의 젊음을 응원합니다!

우리는 모두 반품이 불가능한 존재입니다. 우리 자신은 각자 내가 원하는 모습이 아니라는 이유로 인생을 반품하고 그에 대해 환불을 받을 수 있는 쇼핑몰 상품이 아닙니다. 마음에 들지 않더라도 어떻게든 살아야 하고 힘이 들더라도 어떻게든 버텨내야 합니다.

'기존의 조건이 더 나은 모습으로 변하는 과정'이라 디자인의 의미를 정의한 하버트 사이먼 교수의 말처럼 세상에 '디자인'이 없다면 우리의 삶은 반품되지 않은 상태로 방치되어 버릴 수 있습니다. 하지만 오늘도 우리는 저마다의 하루를 디자인하고 있고, 잠들기 전에는 내일을 디자인하며 미래의 모습 또한 지속적으로 디자인해 나가고 있습니다.

'디자인'이라는 용어에 익숙하지 않아 대화에서 잘 사용하지 않고 있을 뿐, 실은 우리 모두 우리 인생을 저마다의 방식대로 디자인하고 있었습니다. 디자인은 우리의 생활 속에 깊숙이 뿌리내려 이미 자리 잡고 있었는데, 그동안 우리는 그 용어와 적당한 거리를 두며 지내온 것이었습니다.

책을 쓰는 중에 10대 때의 기억이 여러 차례 스쳐 지나갔습니다. 학교에서 디자인을 공부하고는 있었지만, 저는 '디자인'의 의미에 대한 정확한 정의조차 내리지 못하고 있던 상태였고, 종이 위에 그려진 스케치를 아름답게 꾸미는 일만 지속했습니다. 그러다 보니 그 행위가 곧 디자인의 전부라 인식되기도 했습니다.

아무도 내가 공부하고 있는 디자인의 의미에 대해 친절히 설명해주지 않았으며, 누구보다 힘든 시기를 보내고 있던 제게 위로를 해주거나 힘을 주는 책 또한 만나기 어려웠습니다. 시중에는 온통 "이렇게 해야 대학 간다", "하지 않으면 안 된다"는 식의 명령형, 주입식 내용의 서적뿐이었죠.

지칠 대로 지쳐 있던 그때를 회상하며 책을 집필했습니다. 자신의 진로에 갈피를 잡지 못해 힘들어 하는 10대를 향해 선생님의 개념이 아닌 '오빠'나 '형'으로 다가가려 노력했습니다. '형'조차도 부담스럽다면 그냥 좋은 말을 해주는 친구라도 되어주고 싶었습니다.

제가 10대 때 느꼈던 '결핍'을 지금 청소년 세대는 물려받지 않았으면 하는 바람에서였습니다.

세상의 요구는 때로 내가 추구하는 가치와 어긋날 때가 있습니다. 이럴 때를 대비해서라도 미리 자신의 삶을 스스로 디자인해야 합니다. 그래야만 흔들리지 않을 수 있기 때문입니다. 이 책을 읽는 독자들 모두 자신의 삶을 스스로 디자인하며 가치 있는 삶을 추구할 수 있게 되길 바랍니다.

마지막으로 삶은 설거지와 같다는 말을 해주고 싶습니다. 우리는 어떤 일에 목표를 정하고 달려갈 때 빠르게 가는 것에 치중할지 아니면 꼼꼼하게 처리해 가는 것에 치중할지 고민하는 경우가 있습니다. 설거지를 하는 목적은 더러워진 그릇을 깨끗이 씻어 다시 쓸 수 있도록 만드는 데 있습니다. 설거지는 무조건 빨리 하는 게 중요한 게 아닙니다. 덜 깨끗한 상태로 설거지를 마무리한다면 나중에 그릇이 필요할 때 바로 사용할 수 없게 되죠. 결과적으로 실패한 설거지가 됩니다. 시간을 낭비한 셈입니다. 내가 지금 하는 일이 어떤 목적을 이루기 위함인지 분명히 알아야 합니다. 항상 깨어 있으시길 바랍니다.

우리 모두 설거지를 하고 있습니다. 옆에 있는 친구가 생각보다 빨리 끝낸 설거지를 보고 조급해하지 마세요. 설거지의 목적은 그릇을 깨끗하게 하는 일 그것 하나 뿐입니다. 속도는 조금 느려도 상관 없습니다. 목적을 분명히 하는 삶이 되길 바랍니다. 여러분의 미래를 응원하겠습니다.

10대의 꿈을 디자인 하는 멘토

장기민

참고문헌

〈국내 서적〉

진선여고경제동아리 JUST 지음,《경제학은 배워서 어디에 쓰나요?》, 뜨인
　　돌, 2015.

데이비드 프리드먼 지음, 고기탁 옮김,《데이비드 프리드먼 교수의 경제학
　　강의》, 옥당, 2015.

노상채 지음,《고사성어로 보는 스토리경제학》, 글라이더, 2018.

김영숙 지음,《내게 맞는 일을 하고 싶어》, 해의시간, 2019.

김은희 지음,《10대, 인생을 바꾸는 진로 수업》, 미다스북스, 2019.

노상채 지음,《속담으로 보는 스토리 경제학》, 글라이더, 2018.

앨런 그린스펀, 에이드리언 울드리지 지음, 김태훈 옮김,《미국 자본주의의
　　역사》, 세종서적, 2020.

〈매거진〉

"이걸로 밥 벌어먹고 살게 될 줄이야!", 대학내일, 912호.

〈국내 기사〉

"카이스트 수학영재서 정육 파는 사장님으로", 매일경제, 2020년 4월 22
일.

"국내 첫 모바일 세탁소, 가정주부, 빨래서 해방시킬 것", 동아일보, 2020
년 4월 14일.

"진보 경제학자들 문정부 주류로", 동아일보, 2020년 5월 11일.

"과외선생서 스타강사로, 이젠 100억 기부왕", 매일경제, 2020년 7월 1일.

"'젠더특보'도 못 막은 비극", 동아일보, 2020년 7월 14일.

"백선엽 장군의 '현충원 안장'논란", 동아일보, 2020년 7월 15일.

"인간은 욕망을 소비한다", 매일경제, 2020년 7월 4일.

"'新귀족' 인플루언서 되기의 시대", 매일경제, 2020년 7월 11일.

"고교생 '65만원짜리 신발 갖고 싶어요' 10대 절반이 명품 사봤다", 매일경
제, 2020년 7월 18일.

"6층 사람들", 동아일보, 2020년 7월 20일.

"새 상품 차별화 전략, 기존상품 부정적인 소비자엔 효과 없어", 동아일보,
2020년 7월 15일.

"'5년간 매주 300가지 시식, 새벽 현관 앞에 믿음을 배송했죠", 매일경제,
2020년 5월 22일.

"분식 레시피만 300개, 알바에서 대표 됐죠", 매일경제, 2020년 7월 25일

"타이밍이 전부다", 동아일보, 2020년 7월 27일.

10대의 진로를 위한 디자인경제

초판 1쇄 발행 2020년 9월 25일

지은이 장기민
펴낸곳 글라이더 **펴낸이** 박정화
편집 이정호 **일러스트** 장기민 **디자인** 디자인뷰 **마케팅** 임호

등록 2012년 3월 28일(제2012-000066호)
주소 경기도 고양시 덕양구 화중로 130번길 14(아성프라자 6층)
전화 070)4685-5799 **팩스** 0303)0949-5799 **전자우편** gliderbooks@hanmail.net
블로그 http://gliderbook.blog.me/
ISBN 979-11-7041-041-6 43320

이 도서의 국립중앙도서관 출판예정도서목록(CIP)은 서지정보유통지원시스템
홈페이지(http://seoji.nl.go.kr)와 국가자료공동목록시스템(http://www.nl.go.kr/
kolisnet)에서 이용하실 수 있습니다.(CIP제어번호: CIP2020095424)

글라이더는 독자 여러분의 참신한 아이디어와 원고를 설레는 마음으로 기다리고 있습니다.
gliderbooks@hanmail.net 으로 기획의도와 개요를 보내 주세요. 꿈은 이루어집니다.